机舱资源管理实训教程

主　编　蒋德志
副主编　李成福
主　审　黄连忠

大连海事大学出版社

图书在版编目(CIP)数据

机舱资源管理实训教程 / 蒋德志主编 . —大连 : 大连海事大学出版社,2015. 4
(2025. 9 重印)
ISBN 978-7-5632-3161-4

Ⅰ. ①机… Ⅱ. ①蒋… Ⅲ. ①机舱—资源管理—教材 Ⅳ. ①U663. 82

中国版本图书馆 CIP 数据核字(2015)第 082238 号

大连海事大学出版社出版

地址:大连市黄浦路 523 号 邮编:116026 电话:0411-84729665(营销部) 84729480(总编室)
http://press. dlmu. edu. cn E-mail:dmupress@ dlmu. edu. cn

大连天骄彩色印刷有限公司印装 大连海事大学出版社发行
2015 年 4 月第 1 版 2025 年 9 月第 4 次印刷
幅面尺寸:184 mm×260 mm 印张:6. 75
字数:163 千 印数:3501~4500 册

出版人:余锡荣

责任编辑:刘长影 任芳芳 责任校对:何 乔
封面设计:王 艳 版式设计:解瑶瑶

ISBN 978-7-5632-3161-4 定价:20. 00 元

内容简介

本书是依据《中华人民共和国海船船员适任考试大纲》(12 适任考试大纲)及《中华人民共和国海船船员适任评估规范》编写的。“机舱资源管理”是轮机工程技术专业的评估课程之一。

本书包括通信与沟通;轮机部日常维修保养计划的编制与实施,轮机部备件的申请、接收和保管,轮机部物料、润料和工具的申请、接收和保管;轮机部团队的协调与配合等内容。

本书主要供航海类院校轮机工程技术专业学生使用,也可作为轮机员培训和业务学习的参考资料。

前　言

2010 年 6 月 25 日，国际海事组织（IMO）通过了 STCW 公约马尼拉修正案。该修正案在第Ⅲ章“轮机部”中新增领导力和团队工作技能的运用（操作级）与领导力和管理技能的运用（管理级）的强制性适任能力，机舱资源管理成为强制性适任标准。

为全面履行 STCW 公约马尼拉修正案，使轮机员掌握机舱资源管理实际操作技能和综合运用能力，培养高素质海员队伍，根据《中华人民共和国海船船员适任考试和发证规则》（11 考试和发证规则）及《中华人民共和国海船船员适任考试大纲》（12 适任考试大纲）的要求，编写了《机舱资源管理实训教程》，以引导轮机员对机舱资源管理理论及实践知识的认识、理解并熟练运用。

在深刻理解马尼拉修正案关于机舱资源管理知识和技能最低要求的基础上，结合船舶实际情况，注重加强团队协同配合训练、突发事件应对技能、多文化背景下人际交往和沟通能力训练等，提高船员的组织领导能力、团队意识、有效沟通以及管理技能，以满足国际公约和我国相关法规的要求。

本书由青岛远洋船员职业学院蒋德志教授主编，青岛远洋船员职业学院李成福轮机长、李福海副教授、丁立勋副教授、李斌轮机长、杨永建轮机长、姚文龙老师、孙福春老师参与编写了部分内容，大连海事大学黄连忠教授主审。本书在编写过程中得到了山东海事局常得上轮机长、青岛远洋运输有限公司史绍华轮机长、青岛港湾职业技术学院孙增华副教授的大力支持，有关专家对本书提出了许多中肯的意见和建议，在此一并表示衷心的感谢！

限于编者的水平、经验及资料来源，书中错漏之处在所难免，敬请读者、同行专家批评指正。

编　者

2014 年 12 月

目 录

绪 论

一、训练目的

通过实操训练，使学生达到中华人民共和国海事局“海船船员适任考试与评估大纲”对船员所规定的实际操作技能要求，掌握机舱资源管理的基本内容、管理技能和应急管理能力，满足国家海事局签发船员适任证书的必备条件。

二、训练要求

1. 训练规模

机舱资源管理每次参加实操训练的人数最多为20人。

2. 建立团队

将参加训练的学生分成若干团队，每个团队有4~5人，分别扮演轮机长、大管轮、二管轮、三管轮、电子电气员等不同角色，角色可互换，其中轮机长角色作为团队领导。

3. 师资要求

教师须经过主管机关组织的师资培训，并满足下列条件之一：

(1)具有不少于2年的无限航区轮机长或大管轮海上服务资历；

(2)具有副高级及以上职称，并具有不少于1年海上服务资历的航海类专业教师。

4. 其他要求

(1)教师须自有；

(2)教师中至少有一名为轮机长；

(3)实训教师按照师生比1∶5配备。

三、知识准备

机舱资源管理是管理学的一个具体分支和应用。主要讲授机舱资源分配、分派和优先排序，计划的编制与实施，船上沟通技巧，团队与团队工作等，以提高学生的情境意识、有效沟通技能、领导力和决断力以及团队协作能力，强化学生的应变能力、危机处理能力。

机舱资源管理实操训练前需完成主推进动力装置、船舶辅机、船舶管理、船舶电气与自动化等理论课程的学习以及轮机模拟器的实操训练。

四、训练设备和器材

1. 训练设备

机舱资源管理实操训练设备须满足下列条件之一。

(1)具有完整物理盘台的全任务轮机模拟器1套(如图0-1所示),功能应满足:

图0-1　全任务轮机模拟器

①能够模拟常规工况下轮机长、轮机员之间的协调与配合(包括备车与完车、机动航行、正常航行、锚泊、靠港作业、雾中航行、加装燃润料等);

②能够模拟应急情况下轮机长、轮机员之间的协调与配合(包括主机故障、舵机失灵、全船失电、机舱火灾、机舱进水、恶劣海况、搁浅、碰撞、海盗袭击、溢油等)。

(2)自动化机舱,其设备至少应包括:

①一台可以运转的主柴油机(缸径200 mm及以上);

②主机能实现遥控,有模拟驾驶台并能实现驾机联系;

③具有监测报警系统;

④有独立的主机燃油系统、滑油系统、冷却水系统、压缩空气系统;

⑤有发电机组及船舶电站。

2. 训练设施与器材

(1)规范的教室和一个用于理论教学的投影仪以及多媒体设备。

(2)若有必要,配备合适的通信工具,如对讲机等。

(3)其他教学资料(如轮机日志、油类记录簿、车钟记录簿等)。

五、训练内容及课时分配

训练内容：

1. 通信与沟通

(1)机舱值班人员的通信与沟通。

(2)机舱与驾驶台的通信与沟通。

(3)轮机部与公司职能部门的通信与沟通。

(4)轮机部与其他人员的通信与沟通。

2. 计划的编制与实施

(1)轮机部日常维修保养计划的编制与实施。

(2)轮机部备件的申请、接收和保管。

(3)轮机部物料、润料和工具的申请、接收和保管。

3. 轮机部团队的协调与配合

(1)机舱检修工作中,轮机长、轮机员之间的协调与配合。

(2)常规工况下,轮机长、轮机员之间的协调与配合。

(3)应急情况下,轮机长、轮机员之间的协调与配合。

课时分配：

序号	训练内容	时间分配	分组
1	通信与沟通	3	4~5 人一组
2	计划的编制与实施	3	4~5 人一组
3	轮机部团队的协调与配合	6	4~5 人一组
小计		12	

教材与参考书：

序号	教材及参考书名称、主编	出版社	出版年份
1	《机舱资源管理实训教程》　蒋德志	大连海事大学出版社	2015
2	《船舶管理》　张跃文 程东 孙明 郭军武	大连海事大学出版社	2012
3	《机舱资源管理》　蒋德志 李品芳	大连海事大学出版社	2011
4	《机舱资源管理》　曾向明 杨智远 詹玉龙	上海浦江教育出版社	2012
5	《机舱资源管理》　黄连忠	大连海事大学出版社	2012

六、注意事项

机舱资源管理实操训练的主要目的是加强机舱人员的情境意识,合理分配、分派资源,掌握领导力、决断力,加强和保持自己与其他人员的通信和沟通,掌握轮机部团队协作能力,熟练掌握机舱应急处理技能,从而有序和安全地完成船舶的各项工作任务。为了克服管理能力

“看不见、摸不着”的难点，使教学更具开放化、立体化、多元化，在进行实操训练时，需要注意以下几点。

1. 教师配置

常规工况下和应急情况下的轮机长、轮机员之间的协调与配合是基于模拟器的团队训练。为了逼真地模拟船舶状态、增强学生的情境意识，教师团队需要 3~4 名教师。其中，一名教师担任主讲教师，负责学生的讲评；其余教师作为辅助教师，分别扮演驾驶台角色、外部角色和负责模拟器初始状态设置。

2. 学生分组

将参加训练的学生分成若干小组，每个小组有 4~5 人，组成一个团队，分别扮演轮机长、大管轮、二管轮、三管轮、电子电气员等不同角色，角色可互换，其中轮机长角色作为团队领导。

3. 重点动作要点及标准

实操训练的项目有三类，分别是通信与沟通、计划的编制与实施、轮机部团队的协调与配合。前两项主要是训练机舱资源管理某一方面的知识和能力，而轮机部团队的协调与配合是一项基于模拟器的综合训练，更贴近实际，是对学生管理技能的全面考查，这也是训练的重点。训练标准主要包括正确的工作态度和良好的团队情境意识，机舱资源分配、人员指派，保持良好的通信和沟通，良好的领导力和科学的决断力，良好的团队精神，合理的团队自评等六方面。

七、评估方法

1. 评估形式及内容

(1)评估形式。在自动化机舱或具有完整物理盘台的全任务轮机模拟器现场，组成团队后，采用情境模拟方式进行实操。

(2)评估内容。本考核项目的组题办法是：通信与沟通部分抽取一项；计划的编制与实施抽取一项；轮机部团队的协调与配合抽取一项。由抽取的各项组成一套考核试题。

2. 成绩评定

(1)实操模块采用轮机模拟器实操考核方式，满分 100 分，总分在 60 分及以上且“应急情况下，轮机长、轮机员之间的协调与配合”得分在 30 分及以上者为及格，否则为不及格(日常训练得分占 30%，由主考官根据指导教师评价和相关培训记录评分；实操考核占 70%，由主考官根据考核规范、要素和标准评分)；

(2)若出勤率低于 90%，则取消参加考核资格。

3. 评估时间

每人次不超过 60 min。

项目一　通信与沟通

通信沟通是双方的事情，如果任何一方积极主动，而另一方消极应对，那么沟通是不会成功的。作为管理者，应当有主动与部属沟通的胸怀；作为部属，也应当积极与管理者沟通，说出自己心中的想法。沟通只有互动起来，才能消除误解，理解互信，团结协作。

要进行有效沟通，可以从以下几个方面着手：

一是必须知道说什么，就是要明确沟通的目的。如果目的不明确，就意味着你自己也不知道说什么，自然也不可能让别人明白，自然也就达不到沟通的目的。

二是必须知道什么时候说，就是要掌握好沟通的时机。在沟通对象正大汗淋漓地忙于工作时，你要求他与你商量下次聚会的事情，显然不合时宜。所以，要想很好地达到沟通效果，必须掌握好沟通的时机，把握好沟通的火候。

三是必须知道对谁说，就是要明确沟通的对象。虽然你说得很好，但你选错了对象，自然也达不到沟通的目的。

四是必须知道怎么说，就是要掌握沟通的方法。你知道应该向谁说、说什么，也知道该什么时候说，但你不知道怎么说，仍然难以达到沟通的效果。沟通要用对方听得懂的语言——包括文字、语调及肢体语言，而你要学的就是通过对这些沟通语言的观察来有效地使用它们进行沟通。

如果通信沟通不畅，会对船舶的救生、消防、航行安全、防污染、遇险通信等方面造成严重影响。通过实操训练，学员能运用浅显易懂的词句，在机舱值班人员、机舱与驾驶台、轮机部与公司职能部门、轮机部与其他人员之间进行有效的沟通。

任务一　机舱值班人员的通信与沟通

子任务 1　船舶停泊中，机舱值班人员的通信与沟通

一、任务介绍

船舶处于停泊中，机舱有人值班。根据船舶当时的情境，训练机舱值班人员的有效沟通技能。

二、任务分析

若使机舱值班人员表现出沟通技能,必须通过一个任务来实现,完成该任务时,可以选取一个或几个具体的情境来实施,具体的轮机业务不是考查的重点,考查重点在于机舱值班人员的沟通技能,主要技能点和知识点包括环境的认知、沟通方式的选择、沟通的过程以及自评。

三、相关知识

情境一:有关船舶操作、保养工作、船舶机械或控制设备修理的特殊命令

1. 船舶在开敞的港外锚地或者开敞的海域锚泊时,值班人员应沟通的内容:

(1)保持有效的轮机值班情况。

(2)所有正在运行和处于准备状态的机械设备的检查情况。

(3)执行驾驶台发布的使主机和辅机保持准备状态的命令情况。

(4)遵守防污染规则、防止船舶污染海洋环境情况。

(5)保持破损控制和消防系统的准备情况。

2. 在港内值班时,值班人员应沟通的内容:

(1)有关防范危险情况的特殊操作命令、程序和规定。

(2)运行中的所有机械设备及系统的仪表和控制系统的情况。

(3)按照规定采用必要的技术、方法和程序,防止船舶对周围环境造成污染情况。

(4)污水井中污水的变化情况。

(5)驾驶员对装卸货物时所需设备的要求,以及对压载和船舶稳性控制系统的附加要求。

(6)设备故障或者损坏情况。

(7)为避免船上电气、电子、液压、气动以及机械系统发生事故或者损坏所采取的措施。

(8)对影响船上机械运转、调节或修理的重要事项所做的记录。

情境二:交接班时的注意事项

1. 当日的常规命令,有关船舶操作、保养工作、船舶机械或者控制设备修理的特殊命令。

2. 所有机械和系统进行检修工作的性质、涉及的人员以及潜在的危险。

3. 舱底、残渣柜、压载水舱、污油舱、粪便柜、备用柜的液位及状态,以及对其中贮存物的使用或者处理的特殊要求。

4. 有关卫生系统处理的特殊要求。

5. 灭火设备以及烟火探测系统的状况和备用情况。

6. 获准从事或者协助机器修理的人员及其工作地点和修理项目,以及其他获准上船的人员。

7. 港口有关船舶排出物、消防要求及船舶防备工作等方面的特殊规定。

8. 发生紧急情况或者需要援助时,船上与岸上人员、相关机关可使用的通信方式。

9. 其他有关船员、船舶、货物的安全以及防止环境污染等重要情况。

10. 轮机部的活动造成环境污染时,向相关机关报告的程序。

四、任务实施

1. 操作流程

(1)有关船舶操作、保养工作、船舶机械或控制设备修理的特殊命令。

(2)有关与外部有联系的机舱工作(物料、备件、PSC 检查等)。

(3)出现过的异常情况。

(4)交接班注意事项。

(5)对本次任务实施情况进行自评。

2. 实施标准

(1)语言交流清楚和无歧义,对有疑问的决定和(或)行动适当询问和回复,沟通方式合理。

(2)语言交流比较清楚和无大的歧义,对有疑问的决定和(或)行动较少询问和回复,沟通方式一般。

(3)语言交流模糊或产生歧义,对有疑问的决定和(或)行动较少询问和回复,沟通方式较少。

(4)语言交流较少,对有疑问的决定和(或)行动无询问和回复,沟通方式单一。

(5)无语言交流,对有疑问的决定和(或)行动无询问和回复,沟通方式不合理。

五、评价

1. 环境的认知

包括船舶所处环境、机舱设备的运行状态、噪声、驾驶台及轮机长的指令等。

2. 沟通方式的选择

根据当时的情境选择合适的沟通方式,如书面、口头语言、肢体语言等。

3. 沟通的过程

包括需求(请求向接收方发送信息,发送方收集和安排消息的内容)、发送、接收、应答、反馈。

4. 自评

针对完成的工作,从机舱资源管理方面进行自评。

子任务2　船舶正常航行中,机舱值班人员的通信与沟通

一、任务介绍

船舶处于正常航行中,机舱有人值班。根据船舶当时的情境,训练机舱值班人员的有效沟通技能。

二、任务分析

训练机舱值班人员的沟通技能,需通过一个任务来实现,完成该任务时,可以选取一个或几个具体的情境来实施,具体的轮机业务不是考查的重点,考查重点在于机舱值班人员的沟通

技能，主要技能点和知识点包括环境的认知、沟通方式的选择、沟通的过程以及自评。

三、相关知识

情境一：下班前，值班人员关于机舱主要设备发生的事情的记录情况沟通

1. 主机、副机、锅炉等设备工作中特殊情况记录。
2. 驳油、驳水情况记录。
3. 船长、轮机长的命令，驾驶台的通知或命令，重要的车钟令。
4. 本班发生的问题及其处理情况记录。
5. 部门进行的各项检修，与值班有关的检修设备的隔离和解除记录。
6. 船上发生紧急情况及机舱机电设备故障时，部门采取的措施记录。
7. 应急演习，应急设备的检查记录。

情境二：交接班时沟通事项

1. 轮机长关于船舶系统和机械设备运行的常规命令和特别指示。
2. 对机械设备及系统进行的所有操作及目的、参与人员以及潜在的危险。
3. 污水舱、压载舱、污油舱、备用舱、淡水柜、粪便柜、滑油柜等使用状况和液位以及对其中贮存物的使用或者处理的特殊要求。
4. 备用燃油舱、沉淀柜、日用油柜和其他燃油贮存设备中的燃油液位和使用状况。
5. 有关卫生系统处理的特殊要求。
6. 主、辅机系统(包括配电系统)的操作方式和运行状况。
7. 监控设备和手动操作设备的状况。
8. 自动锅炉控制装置和其他与蒸汽锅炉操作有关设备的状况和操作模式。
9. 恶劣天气、冰冻、被污染的水域或者浅水引起的潜在威胁。
10. 在设备故障或危及船舶安全的情况下而采取的特殊操作方式和应急措施。
11. 机舱普通船员的任务分派情况。
12. 消防设备的可用性。
13. 轮机日志的填写情况。

四、任务实施

1. 操作流程

(1)值班轮机员应将保证安全值班的一切适当指示、信息、机器的潜在危险情况以及危及人命和船舶安全的情况告知值班人员。

(2)进行预防性保养、损害控制或维修工作时，值班轮机员应与负责维修工作的轮机员沟通。

(3)值班人员关于主、辅机的完整记录，提醒接班人员应注意的问题。

(4)在交接班前，值班轮机员应向接班轮机员告知的事项。

(5)接班轮机员在承担值班任务前，应对交班轮机员告知的上述事项充分满意。

(6)对本次任务实施情况进行自评。

2. 实施标准

(1)语言交流清楚和无歧义,对有疑问的决定和(或)行动适当询问和回复,沟通方式合理。

(2)语言交流比较清楚和无大的歧义,对有疑问的决定和(或)行动较少询问和回复,沟通方式一般。

(3)语言交流模糊或产生歧义,对有疑问的决定和(或)行动较少询问和回复,沟通方式较少。

(4)语言交流较少,对有疑问的决定和(或)行动无询问和回复,沟通方式单一。

(5)无语言交流,对有疑问的决定和(或)行动无询问和回复,沟通方式不合理。

五、评价

1. 环境的认知

包括船舶所处环境、机舱设备的运行状态、噪声、驾驶台及轮机长的指令等。

2. 沟通方式的选择

根据当时的情境选择合适的沟通方式,如书面、口头语言、肢体语言等。

3. 沟通的过程

包括需求(请求向接收方发送信息,发送方收集和安排消息的内容)、发送、接收、应答、反馈。

4. 自评

针对完成的工作,从机舱资源管理方面进行自评。

任务二　机舱与驾驶台的通信与沟通

子任务 1　开航前,机舱与驾驶台的通信与沟通

一、任务介绍

船舶停靠码头,机舱有人值班。根据船舶当时的情境,训练机舱与驾驶台的有效沟通技能。

二、任务分析

通过“开航前,机舱与驾驶台的联系”这个任务来实现,实施该任务时,可以选取一个或几个具体的情境来实施,考查重点在于他们的沟通技能,主要技能点和知识点包括环境的认知、沟通方式的选择、沟通的过程以及自评。

三、相关知识

情境一:主机转车、冲车与试车

1. 值班轮机员应征得值班驾驶员同意,值班驾驶员应确认缆绳系牢并均匀受力,船尾无障

碍物，舷梯与码头清爽。

2. 分别进行转车、冲车以及正倒车试车。

3. 主机转车、冲车与试车后，机舱应通知驾驶台，此时车钟摇到停车位。

情境二：备车

1. 驾驶台将车钟置于“备车”位，机舱回令车钟置于“备车”位。

2. 待机舱一切准备就绪后，将车钟转至“停车”，驾驶台回令“停车”，至此，主机已告备妥。

3. 如在备车中尚有问题，机舱应将车钟置于“备车”位，驾驶台回令后，双方应及时交换情况。

四、任务实施

1. 操作流程

(1)船长应提前24 h将预计开航时间通知轮机长，如停港不足24 h，应在抵港后立即将预计离港时间通知轮机长；轮机长应向船长报告主要机电设备情况、燃油、润滑油和炉水存量；如开航时间变更，须及时更正。

(2)开航前1 h，值班驾驶员应会同值班轮机员核对船钟、车钟、试舵等，并分别将情况记入航海日志、轮机日志及车钟记录簿内。

(3)主机试车前，值班轮机员应征得值班驾驶员同意。

(4)待主机备妥后，机舱应通知驾驶台。

(5)对本次任务实施情况进行自评。

2. 实施标准

(1)语言交流清楚和无歧义，对有疑问的决定和(或)行动适当询问和回复，沟通方式合理。

(2)语言交流比较清楚和无大的歧义，对有疑问的决定和(或)行动较少询问和回复，沟通方式一般。

(3)语言交流模糊或产生歧义，对有疑问的决定和(或)行动较少询问和回复，沟通方式较少。

(4)语言交流较少，对有疑问的决定和(或)行动无询问和回复，沟通方式单一。

(5)无语言交流，对有疑问的决定和(或)行动无询问和回复，沟通方式不合理。

五、评价

1. 环境的认知

包括船舶所处环境、机舱设备的运行状态、噪声、驾驶台及轮机长的指令等。

2. 沟通方式的选择

根据当时的情境选择合适的沟通方式，如书面、口头语言、肢体语言等。

3. 沟通的过程

包括需求(请求向接收方发送信息，发送方收集和安排消息的内容)、发送、接收、应答、反馈。

4. 自评

针对完成的工作,从机舱资源管理方面进行自评。

子任务2　航行中,机舱与驾驶台的通信与沟通

一、任务介绍

船舶正常航行中,机舱有人值班。根据船舶当时的情境,训练机舱与驾驶台的有效沟通技能。

二、任务分析

通过“航行中,机舱与驾驶台的联系”这个任务来实现,实施该任务时,考查重点在于他们的沟通技能,主要技能点和知识点包括环境的认知、沟通方式的选择、沟通的过程以及自评。

三、相关知识

船舶备车航行时,主机一般按港内航速运转。驾驶台如因操纵或紧急避让需加速时,可将车钟再摇一次,机舱应尽快开足车速。船长决定定速航行时,值班驾驶员应先用电话通知值班轮机员,然后重复一下车钟。

四、任务实施

1. 操作流程

(1)每班交班前,值班轮机员应将主机平均转数和海水温度告知值班驾驶员,值班驾驶员应回告本班平均航速和风向风力,双方分别记入航海日志和轮机日志;每天中午,驾驶台和机舱校对时钟并互换正午报告。

(2)船舶进出港口,通过狭窄水道、浅滩、危险水域或抛锚等需备车航行时,驾驶台应提前通知机舱准备。如遇雾或暴雨等突发情况,值班轮机员接到通知后应尽快备妥主机。判断将有恶劣天气来临时,船长应及时通知轮机长做好各种准备。

(3)如等引航员、候潮、等泊等原因需短时间抛锚时,值班驾驶员应将情况及时通知值班轮机员。

(4)因机械故障不能执行航行命令时,轮机长应组织抢修并通知驾驶台速报船长,并将故障发生和排除时间及情况记入航海日志和轮机日志。停车应先征得船长同意,但若情况危急,不立即停车就会威胁主机或人身安全时,轮机长可立即停车并通知驾驶台。

(5)因调换发电机、并车等需要暂时停电时,值班轮机员应当事先通知驾驶台。

(6)在应变情况下,值班轮机员应立即执行驾驶台发出的信号,及时提供所要求的水、气、汽、电等。

(7)值班驾驶员和值班轮机员应当执行船长和轮机长共同商定的主机各种车速命令,另有指示的除外。

(8)船舶在到港前,应对主机进行停、倒车试验,当无人值守的机舱因情况需要改为有人值守时,驾驶台应及时通知轮机员。

(9)抵港前,轮机长应将本船存油情况告知船长。

(10)对本次任务实施情况进行自评。

2. 实施标准

(1)语言交流清楚和无歧义,对有疑问的决定和(或)行动适当询问和回复,沟通方式合理。

(2)语言交流比较清楚和无大的歧义,对有疑问的决定和(或)行动较少询问和回复,沟通方式一般。

(3)语言交流模糊或产生歧义,对有疑问的决定和(或)行动较少询问和回复,沟通方式较少。

(4)语言交流较少,对有疑问的决定和(或)行动无询问和回复,沟通方式单一。

(5)无语言交流,对有疑问的决定和(或)行动无询问和回复,沟通方式不合理。

五、评价

1. 环境的认知

包括船舶所处环境、机舱设备的运行状态、噪声、驾驶台及轮机长的指令等。

2. 沟通方式的选择

根据当时的情境选择合适的沟通方式,如书面、口头语言、肢体语言等。

3. 沟通的过程

包括需求(请求向接收方发送信息,发送方收集和安排消息的内容)、发送、接收、应答、反馈。

4. 自评

针对完成的工作,从机舱资源管理方面进行自评。

子任务3　停泊中,机舱与驾驶台的通信与沟通

一、任务介绍

船舶停泊中,机舱有人值班。根据船舶当时的情境,训练机舱与驾驶台的有效沟通技能。

二、任务分析

通过“停泊中,机舱与驾驶台的联系”这个任务来实现,实施该任务时,考查重点在于他们的沟通技能,主要技能点和知识点包括环境的认知、沟通方式的选择、沟通的过程以及自评。

三、相关知识

1. 轮机长根据航次任务及早将燃、润油的准确现存数量和补添计划提交船长。

2. 机舱除可直接使用专用炉水舱的水以外,如需动用其他水柜,必须事先征得大副同意。

3. 各燃油舱之间的移驳应事先征得大副同意。

4. 排、灌、转移压载水或淡水须凭大副或值班驾驶台的书面通知,由木匠负责测量并注意与机舱值班人员联系。完毕后,木匠应及时通知停泵。

5. 大副对起货机、锚机、绞缆机负正确使用责任,并随时将使用情况通知机舱值班人员。

6. 轮机部如因检修、配电等各种原因需要暂停供电或局部停电,必须事先报告船长(或值班驾驶员),并告知停止和恢复供电的大约时间,以做好各种准备。

7. 水手长负责管理装卸用的移动式照明灯具,离港后即应检查试验,如有损坏,交相关人员检修;甲板上的各种电源插座,由水手长派人检查并盖紧保持水密,座盖如有损坏或短缺,通知相关人员负责配齐并保持完好。

8. 机舱如需排放经油水分离器分离后的污水,必须事先与值班驾驶员联系。

四、任务实施

1. 操作流程

(1)抵港后,船长应告知轮机长本船的预计动态,以便安排工作,动态如有变化应及时联系;机舱若需检修影响动车的设备,轮机长应事先将工作内容和所需时间报告船长,取得同意后方可进行。

(2)值班驾驶员应将装卸货情况随时通知值班轮机员,以保证安全供电。在装卸重大件或特种危险品或使用重吊之前,大副应通知轮机长派人检查起货机,必要时还应派人值守。

(3)如因装卸作业造成船舶过度倾斜,影响机舱正常工作时,轮机长应通知大副或值班驾驶员采取有效措施予以纠正。

(4)驾驶和轮机部门应当对船舶压载的调整,以及可能涉及海洋污染的各种操作,建立起有效的联系制度,包括书面通知和相应的记录。

(5)每次添装燃油前,轮机长应将本船的存油情况和计划添装的油舱以及各舱添装数量告知大副,以便计算稳性、水尺和调整吃水差。

(6)对本次任务实施情况进行自评。

2. 实施标准

(1)语言交流清楚和无歧义,对有疑问的决定和(或)行动适当询问和回复,沟通方式合理。

(2)语言交流比较清楚和无大的歧义,对有疑问的决定和(或)行动较少询问和回复,沟通方式一般。

(3)语言交流模糊或产生歧义,对有疑问的决定和(或)行动较少询问和回复,沟通方式较少。

(4)语言交流较少,对有疑问的决定和(或)行动无询问和回复,沟通方式单一。

(5)无语言交流,对有疑问的决定和(或)行动无询问和回复,沟通方式不合理。

五、评价

1. 环境的认知

包括船舶所处环境、机舱设备的运行状态、噪声、驾驶台及轮机长的指令等。

2. 沟通方式的选择

根据当时的情境选择合适的沟通方式,如书面、口头语言、肢体语言等。

3. 沟通的过程

包括需求(请求向接收方发送信息,发送方收集和安排消息的内容)、发送、接收、应答、反馈。

4. 自评

针对完成的工作,从机舱资源管理方面进行自评。

任务三　轮机部与公司职能部门的通信与沟通

子任务1　轮机部与公司机务管理部门的通信与沟通

一、任务介绍

公司机务管理部门是船舶轮机部经常联系的公司职能部门之一,需要经常沟通的内容有:各种机务报表和维修保养计划执行情况;机舱备件、物料的申领、入库、消耗和库存情况;机电动力设备事故情况;有关船机状态的情况;有关设备安全和性能的特殊情况;最新生效的公约、规则、规范和船旗国、港口国等外部组织的最新要求;确认是否需要提供岸基支持;机务主管登船时,轮机长与机务主管的沟通。根据当时具体情境,训练轮机部与公司机务管理部门之间的有效沟通技能(如图1-1所示)。

图1-1　轮机部与公司机务管理部门的沟通

二、任务分析

轮机部与公司机务管理部门的沟通技能训练,需通过一个任务来实现,完成该任务时,可以选取一个或几个具体的情境来实施,具体的轮机业务不是考查的重点,考查重点在于他们的沟通技能,主要技能点和知识点包括环境的认知、沟通方式的选择、沟通的过程以及自评。

三、相关知识

情境一:各种机务报表和维修保养计划执行情况

1. 各种机务主要报表

(1)年度维护保养计划表。每年11月按部门分别由轮机长、大副编制,需填写分工/周期表的编号,由船长保存。

(2)月度维护保养计划及完成情况表。每月底填写完成情况和下月计划;需根据年度计划和船舶实际编制,由部门长保存。

(3)柴油机轴承测量记录表。大管轮台账,检修时打"√"。

(4)柴油机气缸/活塞测量记录表。大管轮台账,检修时打"√"。

(5)柴油机十字头导板间隙测量记录表。大管轮台账,检修时打"√"。

(6)主机拐档差测量记录表。大管轮台账,检修时打"√"。

(7)设备警报和安全保护装置检查、试验记录表。大管轮台账,检修时打"√"。

(8)炉水试验及处理月度报表。月度报告,三管轮台账,检修时打"√"。

(9)冷却水试验及处理月度报表。月度报告,大管轮台账,检修时打"√"。

2. 轮机部维护保养计划执行情况

(1)轮机长组织本部门"船舶设备操作规程"的制订。由船长或轮机长负责"规程"的审核,船舶机务批准后发船舶实施,公司应保存副本。

(2)轮机长负责编制轮机(包括电气)设备年度维护保养计划,或传达公司 CWBT 指令,并根据年度维护保养计划编写部门月度计划或 CWBT 指令的执行情况,向船舶总管报送上月月度计划执行情况表或 CWBT 业绩反馈表。

(3)主管轮机员按月度计划或 CWBT 指令对设备进行检查,并组织人员实施维护保养计划。

(4)轮机长负责填写船舶设备维护保养月度计划和执行情况表。年度计划与月度执行情况表或 CWBT 指令与业绩反馈表由部门负责人保存,维护保养工作记录由设备主管人员保存。保存期均为五年。

(5)船舶设备发生故障时,应及时组织修复。船舶无法自行解决的缺陷应以书面形式(包括传真、电报、电邮、报表等)向船管部报告船舶设备和系统的缺陷,争取技术指导或安排在港修理。

(6)船舶可以自行解决的缺陷应纳入月度维护保养计划中,并在月度维护保养执行情况表中上报船舶总管,船舶总管上船时应对船舶维护保养情况,包括缺陷的纠正、预防措施实施情况进行监督和验证。

情境二:机舱备件、物料的申领、入库、消耗和库存情况

1 船舶物料季度申请/库存/实发/签收表:部门长台账,季度报表。

2. 船舶物料消耗报表:部门长台账,月度报表。

3. 备件清册:部门长台账,月度报表。

4. 船用设备、备件申请单:部门长台账,季度报表。

5. 船舶备件消耗表:部门长台账,季度报表。

情境三:机电动力设备事故情况

1. 设备事故报告书汇总

(1)船舶机械损坏事故报告书:临时报告,船长保存。

(2)海上交通事故报告书:临时报告,船长保存。

(3)船舶污染事故报告书:临时报告,船长保存。

(4)通导设备机损事故报告表:临时报告,船长保存。

2. 船舶设备事故报告程序

(1)船舶发生机损事故,值班人员必须立即报告有关人员及轮机长,并转报船长。

(2)船舶发生大事故、重大事故,船长将情况报告机务与调度部门。公司在接到报告后24 h内报告上级主管部门,转报交通运输部。

(3)船舶机损事故发生后,国际航行船舶在事故发生后45天之内,国内航行船舶在事故发生后15天之内,向主管机务部门提交经船长签字的船舶机电设备损坏事故报告。

(4)发生机损事故,船舶应记入轮机日志和航海(行)日志。同时应填写"船舶机电设备损坏事故报告"。虽未构成机电设备损坏,但可能酿成机损事故的情况,也应记入轮机日志和航海(行)日志。

3. 报告的内容

应包括:船名,所属单位,填报日期,事故发生的时间、地点,事故经过,设备损坏情况,船舶对事故的责任分析及今后的预防改进措施等。还应附送:轮机日志(摘录)与车钟记录簿;损坏设备的拆检记录;损坏部分简图及与事故有关的其他资料。

情境四:有关船机状态的情况

1. 电气设备的绝缘测试记录:季度报表,轮机长保存;出现异常数据需说明。

2. 船舶柴油机工况报告或轮机部设备状况月报表:月度报表,轮机长保存;出现异常数据需说明。

3. 蓄电池检查记录:电机员台账,每航次检查。

4. 油水分离器操作检查表:三管轮台账,注意排放时不仅轮机日志要记录,航海日志也要记录。

5. 生活污水处理装置日常维护保养记录本:三管轮台账,每次检修和投药时记录。

6. 船舶柴油机主要部件工作时间统计表:月度报表,轮机长保存;出现异常数据需说明。

情境五:有关设备安全和性能的特殊情况

1. 安全活动日记录:部门长台账,每月记录,需船长签阅,所提问题需闭环,要有对体系运行情况的评价;每月报公司船舶管理部,船舶管理部进行评估并及时反馈给船舶。

2. 油类记录簿:轮机长台账,排放作业还需记录航海日志。

3. 消耗臭氧物质记录簿:轮机长台账,每次检修和加注氟利昂时记录。

4. 消耗臭氧物质设备清单:轮机长台账。

5. 航次报告由甲板部和轮机部分别填写。轮机部航次报告的主要内容:航次开始和航次结束时间、航行里程、慢车和快车时间、平均转速、平均理论航速、燃料及润滑油料耗量(主机、副机、锅炉的燃料及润滑油消耗量应以每天正午报告的实测数据为准)。

情境六:确认是否需要提供岸基支持

1. 备件、物料、油料

2. 临时修理或计划修理

3. 证书/检验

4. PSC 检查

抵港之前，机务主管应预先提醒船方消除 PSC 遗留缺陷，做好相应准备，并与有关部门沟通联系，共同关注 PSC 检查，在可控的范围内尽量安排完成。

情境七：机务主管登船时，轮机长与机务主管的沟通

1. 机务主管应听取船长、轮机长、大副的工作汇报，对提出的问题在职权范围内的，现场答复或做出合理的解释，阐明本人登船的工作任务和需要船方配合的事项。

2. 在可能的情况下，现场受理船舶提出的一些需要临时解决的问题，处理现场发生的一些紧急情况。

3. 对于超越本职责权限范围的问题和事件，应立即向有关人员汇报和请示，争取处理时机。

4. 重要修理工程是否需要协调。

5. 按船舶安全检查表列明的项目，实施全面、彻底的安全检查，了解船舶主要设备的工况，对关键设备进行现场测试。

6. 检查船舶以往的 PSC 检查和上次机务检查的记录，确认是否存在尚未得到纠正的缺陷，对于检查发现的缺陷，现场落实纠正措施、纠正期限和责任人，形成书面的登船检查报告并确认。如遇有船舶的 PSC 检查及其他检验，现场进行关系协调，遇有重大问题及时报告。

7. 检查备件、物料的库存、使用管理及消耗等情况，对船方临时急需的备件、物料等安排供船。

8. 核对船方各油种的实际存量，核查润滑油的消耗是否正常，尤其关注润滑油的品质，检查船方润滑油处理的相关措施和效果。

9. 如遇有船员交接班，应参与和监督主要干部船员的工作交接，尤其是轮机部的船员交接。

10. 调查了解主要干部船员的技术状况和人员的配合情况、思想状况。

11. 查验船员自修工程的质量和效果，跟踪自修工程进度及返工情况。

12. 检查船舶维修保养情况，根据船舶的实际状况，布置下阶段工作，并提交船舶部门长、船长书面确认。

13. 收集船舶应报送的各种机务报表，在可能情况下审阅并提出意见。

14. 检查船舶的 SMS 运行情况，尤其是各种档案、报表、报告的归档与保管情况。

四、任务实施

1. 操作流程

(1) 各种机务报表和维修保养计划执行情况。

(2) 机舱备件、物料的申领、入库、消耗和库存情况。

(3) 机电动力设备事故情况。

(4) 有关船机状态的情况。

(5) 有关设备安全和性能的特殊情况。

(6) 最新生效的公约、规则、规范和船旗国、港口国等外部组织的最新要求。

(7) 确认是否需要提供岸基支持。

(8)机务主管登船时，轮机长与机务主管的沟通。

(9)对本次任务实施情况进行自评。

2. 实施标准

(1)语言交流清楚和无歧义，对有疑问的决定和(或)行动适当询问和回复，沟通方式合理。

(2)语言交流比较清楚和无大的歧义，对有疑问的决定和(或)行动较少询问和回复，沟通方式一般。

(3)语言交流模糊或产生歧义，对有疑问的决定和(或)行动较少询问和回复，沟通方式较少。

(4)语言交流较少，对有疑问的决定和(或)行动无询问和回复，沟通方式单一。

(5)无语言交流，对有疑问的决定和(或)行动无询问和回复，沟通方式不合理。

五、评价

1. 环境的认知

包括船舶航线、机舱设备的运行状态、维修保养的要求等。

2. 沟通方式的选择

根据当时的情境选择合适的沟通方式，如书面、口头语言、肢体语言等。

3. 沟通的过程

包括需求(请求向接收方发送信息，发送方收集和安排消息的内容)、发送、接收、应答、反馈。

4. 自评

针对完成的工作，从机舱资源管理方面进行自评。

任务四　轮机部与其他人员的通信与沟通

子任务1　轮机部与加装燃、润料人员的沟通

一、任务介绍

船舶锚泊中，加油船靠泊本船，轮机部就加装燃、润料事宜与加油船人员进行沟通。根据船舶当时的情境，训练轮机部与加装燃、润料人员的有效沟通技能。

二、任务分析

船舶加装燃、润料时，轮机部与加装燃、润料人员的沟通非常重要，在完成该任务时，考查重点在于轮机部人员的沟通技能，主要技能点和知识点包括环境的认知、沟通方式的选择、沟通的过程以及自评。

三、相关知识

1. 加油前

(1)加油开始前,轮机长应偕同主管轮机员与供方代表联系,商定如下事项:

①燃油的规格、品种、数量是否符合要求;

②确定装油的先后顺序;

③最大泵油量(添装过程中泵油速度)及其控制方法;

④装油过程中的双方联系方式;

⑤加油泵应急停止方法。

(2)装油开始前,轮机长应亲自或指派主管轮机员检查油驳或油罐的检验合格证和规范图表,弄清油驳的舱位分布及数量,与供油方代表一起测量并记录供油油驳的所有油舱或油罐的油位、油温和密度,计算出储油量。

(3)审核驳船装单,如发现不一致,需当即弄清。

(4)要核对并记录流量计的初始读数,如为油罐车供油则应检查其铅封是否完好。

(5)双方确认后,轮机长在供方提交的装前状况确认书上签字。

(6)装油开始前,应提请供油方按正确方法提取油样,并监督取样装置的安装及调整。

(7)检查本船各有关阀门开关是否正确,各项工作准备妥善后,即可通知供方开始供油,并记录开泵时间。

2. 加油中

(1)与加油船工作人员保持密切联系、沟通。

(2)在全部装油过程中,监督装油速度是否符合约定速度,必要时与供方联系调整。

(3)轮机长或主管轮机员应使用油样提取装置,在加油全过程中点滴取样,加油完毕后摇匀(约 30 s),均分成 2 到 3 份,由双方代表现场铅封瓶口,再将有双方签字的标签贴在瓶上。

(4)有公证人员(Bunker Surveyor)在船时,加油前对工作程序或文件达成一致;加油数据以公证员测量数据为准。

(5)轮机长组织主管轮机员在加油过程中监装、监测、监督取样;油样由船方、供方、公证方三方代表签字,不接受未经三方代表签字的油样。

3. 加油后

(1)轮机长和主管轮机员与供方代表(公证方)一起重新测量各舱柜存油数量,计算实际加油数量并与供油方核对。

(2)若受油发生争议,轮机长应与供方代表交涉,告知船长,解决后再在加油收据上签字;若现场双方不能通过协议解决,轮机长不要在加油收据上签字,也暂不要让供方代表及油驳等离开现场。

四、任务实施

1. 操作流程

(1)加油前,轮机部与加油船工作人员沟通;

(2)加油中,轮机部与加油船工作人员沟通;

(3)加油后,轮机部与加油船工作人员沟通;

(4)对本次任务中的沟通情况进行自评。

2. 实施标准

(1)语言交流清楚和无歧义,对有疑问的决定和(或)行动适当询问和回复,沟通方式合理。

(2)语言交流比较清楚和无大的歧义,对有疑问的决定和(或)行动较少询问和回复,沟通方式一般。

(3)语言交流模糊或产生歧义,对有疑问的决定和(或)行动较少询问和回复,沟通方式较少。

(4)语言交流较少,对有疑问的决定和(或)行动无询问和回复,沟通方式单一。

(5)无语言交流,对有疑问的决定和(或)行动无询问和回复,沟通方式不合理。

五、评价

1. 环境的认知

包括锚地的有关信息、本船与加油船的有关信息、加油舱室及系统的状态等。

2. 通信工具的选择

根据当时的情境采用合适的通信工具。

3. 沟通方式的选择

根据当时的情境选择合适的沟通方式,如:书面、口头语言、肢体语言等。

4. 沟通的过程

包括需求(请求向接收方发送信息,发送方收集和安排消息的内容)、发送、接收、应答、反馈。

5. 自评

针对完成的工作,从机舱资源管理方面进行自评。

子任务2　轮机部与备件、物料供应人员的沟通

一、任务介绍

船舶抵港靠泊,船舶供应商送备件、物料上船,轮机部就备件、物料事宜与供应人员进行沟通。根据当时的情境,训练轮机部人员与备件、物料供应人员的有效沟通技能。

二、任务分析

训练轮机部与备件、物料供应人员的沟通技能时,考查重点在于轮机部人员的沟通技能,主要技能点和知识点包括环境的认知、沟通方式的选择、沟通的过程以及自评。

二、相关知识

1. 备件、物料交付之前公司应将供应商名称、地址、联系人、联系电话及传真号码等相关资料及所订购的物料清单及时提供给船上。

2. 供应商在交付备件、物料之前，应提前通知船舶，说明送船的日期和具体时间。

3. 确认备件、物料备品与船上或公司所提供的订购清单相符，经验收检查无误后方可上船。

4. 确保供应人员准确无误地理解采购内容，包括型号、数量、质量要求、供货进度等等。

5. 与供应人员的沟通一定要充分并形成文字记录，协商时，善于引导供应人员积极配合。

6. 如双方存在争议，在接收单上注明情况，交由公司处理。

四、任务实施

1. 操作流程

(1)轮机部核对备件、物料供应商的相关信息；

(2)轮机部核对备件、物料是否与公司提供的订购清单相符；

(3)轮机部就备件、物料的型号、规格、数量、质量及合格证与供应商进行沟通；

(4)验收过程中，若发现质量问题与供应商进行沟通；

(5)对本次任务中的沟通情况进行自评。

2. 实施标准

(1)语言交流清楚和无歧义，对有疑问的决定和(或)行动适当询问和回复，沟通方式合理。

(2)语言交流比较清楚和无大的歧义，对有疑问的决定和(或)行动较少询问和回复，沟通方式一般。

(3)语言交流模糊或产生歧义，对有疑问的决定和(或)行动较少询问和回复，沟通方式较少。

(4)语言交流较少，对有疑问的决定和(或)行动无询问和回复，沟通方式单一。

(5)无语言交流，对有疑问的决定和(或)行动无询问和回复，沟通方式不合理。

五、评价

1. 环境的认知

包括船舶的航行信息、机舱设备的状态、维修保养的要求等。

2. 通信工具的选择

根据当时的情境采用合适的通信工具。

3. 沟通方式的选择

根据当时的情境选择合适的沟通方式，如：书面、口头语言、肢体语言等。

4. 沟通的过程

包括需求(请求向接收方发送信息，发送方收集和安排消息的内容)、发送、接收、应答、反馈。

5. 自评

针对完成的工作，从机舱资源管理方面进行自评。

子任务3　轮机部与PSC检查官的沟通

一、任务介绍

船舶抵港靠泊，PSC检查官登船检查，轮机部人员陪同PSC检查官进行检查。根据当时的情境，训练轮机部人员与PSC检查官的有效沟通技能。

二、任务分析

训练轮机部人员与PSC检查官的沟通技能时，考查重点在于轮机部人员的沟通技能，主要技能点和知识点包括环境的认知、沟通方式的选择、沟通的过程以及自评。

三、相关知识

1. 检查前

(1) PSC检查官登船时，值班人员应及时发现，热情招呼，使用礼貌用语，主动提包，引路。船长亲自接待，轮机长、大副陪同。轮机员、电子电气员及机工在机舱门口集合待命。

(2) 如果PSC检查官多人上船，船长应陪同主要负责人，其他人员各执对讲机保持联系。

(3) PSC检查官进入机舱时，轮机部人员应热情接待，在回答问题、安排工作、下达指令前，应明白检查官的意图。

(4) 一切行动听指挥，检查过程做到紧张有序、忙而不乱。

2. 检查中

(1) 在检查过程中，轮机长时刻与检查官保持沟通，并按照检查官的要求及时提供各种资料。

(2) 轮机长应就一些事项耐心地向检查官解释，并出示相关证据。必要时，对照图纸进行解释(如图1-2所示)。

图1-2　轮机长与PSC检查官的沟通

(3) 设备主管人员根据PSC检查官的要求熟练操作示范，回答提出的问题时声音洪亮，轮机长可以补充解释(如图 1-3 所示)。

图 1-3　主管人员与 PSC 检查官的沟通

(4)船员要快速反应、积极配合,进行各项操作与整改(如图 1-4 所示)。

图 1-4　PSC 检查时的操作

3. 检查结束后

(1)对 PSC 检查官提出的缺陷,应立即派人整改,最好在检查官离船前纠正。

(2)对暂时整改不了的缺陷,应提出解决的方法,安排修理和通知代理联系就地解决,取得检查官的谅解。

(3)对于一些不同意见,要耐心地进行合理有据的解释和说明,但不应与检查官争论。

(4)如果检查官采用滞留措施时,建议检查官用开航前纠正措施,如可能延误船期的,则建议改为两星期或下一港纠正,总之,希望检查官能改变主意。

(5)如果认为滞留不当,应采用说理的方式进行,做到有理、有利、有节。

(6)如果无缺陷通过,若有时间,可以与检查官多交流,以便了解更多的检查信息。

四、任务实施

1. 操作流程

(1)PSC 检查前,轮机部与 PSC 检查官的沟通;

(2)PSC 检查过程中,轮机部与 PSC 检查官的沟通;

(3)PSC 检查结束后,轮机部与 PSC 检查官的沟通;

(4)对本次任务中的沟通情况进行自评。

2. 实施标准

(1)语言交流清楚和无歧义,对有疑问的决定和(或)行动适当询问和回复,沟通方式合理。

(2)语言交流比较清楚和无大的歧义,对有疑问的决定和(或)行动较少询问和回复,沟通方式一般。

(3)语言交流模糊或产生歧义,对有疑问的决定和(或)行动较少询问和回复,沟通方式较少。

(4)语言交流较少,对有疑问的决定和(或)行动无询问和回复,沟通方式单一。

(5)无语言交流,对有疑问的决定和(或)行动无询问和回复,沟通方式不合理。

五、评价

1. 环境的认知

包括港口的有关信息、本船的有关信息、机舱设备的状态等。

2. 通信工具的选择

根据当时的情境采用合适的通信工具。

3. 沟通方式的选择

根据当时的情境选择合适的沟通方式,如:书面、口头语言、肢体语言等。

4. 沟通的过程

包括需求(请求向接收方发送信息,发送方收集和安排消息的内容)、发送、接收、应答、反馈。

5. 自评

针对完成的工作,从机舱资源管理方面进行自评。

子任务4　轮机部与验船师的沟通

一、任务介绍

船舶进厂修理,验船师上船进行检验,轮机部人员应陪同验船师进行检验。根据当时的情境,训练轮机部人员与验船师的有效沟通技能。

二、任务分析

训练轮机部人员与验船师的沟通技能时,考查重点在于轮机部人员的沟通技能,主要技能点和知识点包括环境的认知、沟通方式的选择、沟通的过程以及自评。

三、相关知识

1. 验收文件、资料情况

轮机部首先就船舶营运情况及本次的修理(或改建)计划、船舶证书、检验报告、遗留项目备忘录、最近一次的修理记录等与验船师进行沟通。

2. 修理内容及要求

轮机部就修理报单项目、追加修理项目、修理要求、检验要求以及试验要求等与验船师进行沟通。

3. 修船过程中的改进事项

修船过程中,可能对一些设备及系统的管路在材料、工艺、尺寸、形状等方面做了一些改进,轮机部要与验船师充分沟通。

4. 系泊试验和航行试验

对于系泊试验和航行试验大纲,轮机员应充分了解。轮机员作为船方代表参加试验。由船方、厂方和验船师共同对试验进行鉴定和验收。对试验中发现的问题共同分析研究,协商解决。重大缺陷应在修复后重新试验,局部小缺陷可在使用中观察情况,或限期修复使之符合要求。

四、任务实施

1. 操作流程

(1)轮机部就验收文件、资料情况与验船师进行沟通。

(2)轮机部就修理内容及要求与验船师进行沟通。

(3)轮机部就修船过程中的改进事项与验船师进行沟通。

(4)轮机部就系泊试验和航行试验中出现的问题与验船师进行沟通。

(5)对本次任务中的沟通情况进行自评。

2. 实施标准

(1)语言交流清楚和无歧义,对有疑问的决定和(或)行动适当询问和回复,沟通方式合理。

(2)语言交流比较清楚和无大的歧义,对有疑问的决定和(或)行动较少询问和回复,沟通方式一般。

(3)语言交流模糊或产生歧义,对有疑问的决定和(或)行动较少询问和回复,沟通方式较少。

(4)语言交流较少,对有疑问的决定和(或)行动无询问和回复,沟通方式单一。

(5)无语言交流,对有疑问的决定和(或)行动无询问和回复,沟通方式不合理。

五、评价

1. 环境的认知

包括船厂的有关信息、本船的有关信息、机舱设备的状态等。

2. 通信工具的选择

根据当时的情境采用合适的通信工具。

3. 沟通方式的选择

根据当时的情境选择合适的沟通方式,如:书面、口头语言、肢体语言等。

4. 沟通的过程

包括需求(请求向接收方发送信息,发送方收集和安排消息的内容)、发送、接收、应答、反馈。

5. 自评

针对完成的工作,从机舱资源管理方面进行自评。

子任务5　轮机部与修造船厂工程师的沟通

一、任务介绍

船舶进厂修理,轮机部人员就修船的相关事宜与修船厂工程师进行沟通。根据当时的情境,训练轮机部人员与修船厂工程师的有效沟通技能。

二、任务分析

训练轮机部人员与修船厂工程师的沟通技能时,考查重点在于轮机部人员的沟通技能,主要技能点和知识点包括环境的认知、沟通方式的选择、沟通的过程以及自评。

三、相关知识

1. 修船的准备工作

主要包括修理项目和修理方案的确定;所需备件的提前订购;详细的修理单的打印;有关修理项目的技术资料准备,技术要求的掌握;各管系、阀门等修理项目的现场标志;进厂前机舱的清洁,油污水及舱底水处理等等。

2. 修船计划

计划是修船工作的依据,修船工作是计划的保证。计划制订出来以后厂方各部门就要严格按照计划进行工作。一般情况下,每天上午的协调会,轮机部都要和厂方进行工作计划方面的沟通安排。

3. 修船过程

修船计划对日常工作进度虽然已进行了具体的安排,但是在执行计划过程中,仍然会出现一些意料不到的情况和矛盾,如设备发生故障、施工质量出现问题等,这就可能打乱工作进度,因此需要对修船过程中的一些关键部位的拆卸顺序及利害关系及时与厂方工程师进行沟通,防止不协调现象发生,影响工程进度(如图1-5所示)。

4. 工程验收

修船验收,是工程完工的必需过程,也是对工程质量的评定,还是最终保证船舶修理性能的控制手段。对于验收的方法和要求,应与厂方提前做好沟通,要求厂方做到以下几点:一是验收前必须做到"三检",不合格的产品不能交;二是做好现场的清洁,确实给人一种工程结束的感觉;三是厂方工程师要及时到现场配合验船师的验收工作,确保按计划、按程序组织验收,保证在验收中提出的各种问题能够及时处理解决;四是对船东、验船师提出的问题,主管工程师尽可能现场处理,并请船东、验船师当场确认;五是讲信誉,在施工中对验收看不到的部位,同样要认真对待,验收遗留的问题,无论是否复检,一定要彻底解决,不留后患。

图 1-5　轮机部人员与修船厂工程师沟通

5. 完工单签认

完工单签认过程中，轮机部需要就以下几点与厂方进行沟通：一是要逐项工程与厂方确认，对于有争议的项目要双方现场确认后签字；二是对一些达不到质量标准的项目进行沟通，然后在完工单上说明质量情况；三是对工程的数量进行沟通，然后在完工单上按实际数量进行标注。

四、任务实施

1. 操作流程

(1)轮机部就修船的准备工作与修船厂工程师进行沟通。

(2)轮机部就修船计划与修船厂工程师进行沟通。

(3)轮机部就修船过程中出现的问题与修船厂工程师进行沟通。

(4)轮机部就工程验收事项与修船厂工程师进行沟通。

(5)轮机部就完工单签认事宜与修船厂工程师进行沟通。

(6)对本次任务中的沟通情况进行自评。

2. 实施标准

(1)语言交流清楚和无歧义，对有疑问的决定和(或)行动适当询问和回复，沟通方式合理。

(2)语言交流比较清楚和无大的歧义，对有疑问的决定和(或)行动较少询问和回复，沟通方式一般。

(3)语言交流模糊或产生歧义，对有疑问的决定和(或)行动较少询问和回复，沟通方式较少。

(4)语言交流较少，对有疑问的决定和(或)行动无询问和回复，沟通方式单一。

(5)无语言交流，对有疑问的决定和(或)行动无询问和回复，沟通方式不合理。

五、评价

1. 环境的认知

包括船厂的有关信息、本船的有关信息、机舱设备的状态等。

2. 通信工具的选择

根据当时的情境采用合适的通信工具。

3. 沟通方式的选择

根据当时的情境选择合适的沟通方式，如：书面、口头语言、肢体语言等。

4. 沟通的过程

包括需求（请求向接收方发送信息，发送方收集和安排消息的内容）、发送、接收、应答、反馈。

5. 自评

针对完成的工作，从机舱资源管理方面进行自评。

项目二　计划的编制与实施

工作计划的编制是工作开展的前提,其质量的好坏直接决定工作的开展情况。任何计划工作都要遵循一定的程序或步骤。虽然小型计划比较简单,大型计划复杂些,但是,工作计划的编制要符合目标管理的SMART原则,所谓SMART原则,即:

S(Specific):绩效指标必须是具体的;

M(Measurable):绩效指标必须是可以衡量的;

A(Attainable):绩效指标必须是可以达到的;

R(Relevant):绩效指标要与其他目标具有一定的相关性;

T(Time bound):绩效指标必须具有明确的截止期限。

管理人员在编制计划时,其工作步骤都是相似的,主要包括以下内容:

1. 正确认知任务的目标,把任务目标量化分解为具体的行动目标

确定实现任务目标需做的各项工作,从目标开始对任务进行分解。将大目标分解成为一个个小目标,由高级到低级层层分解,再根据时限由将来逆推至现在,明确自己现在应该做什么:大目标→小目标→更小的目标→即时行动。也可以将任务目标分解为几个长期目标,再根据长期目标的实现条件,将其分解为若干个中期目标,再继续将其分解为若干个短期目标,进而将每个短期目标分解成月目标,月目标量化分解为若干个周目标,周目标变成若干个日目标,最后依次具体化为现在应该去干什么。

2. 根据目标的重要紧急程度进行优先排序

把年度目标分解成的各个月目标进行优先次序排列,把各月目标分解成的各个周目标进行优先次序排列,把各周目标分解成的各个日目标进行优先次序排列。对各种有时间冲突的任务,需依据优先顺序有所取舍,把高价值任务按轻重缓急进行排序,将其归入四个象限。如果有突发的更重要紧急的事情要处理时,应该暂缓手头的工作,重新按轻重缓急的次序安排任务。

3. 人员的指派

人员指派,不仅仅是将任务简单地分配给员工,还应当使员工清楚地知道如何去做,做到什么程度才是最好的,可能遇到什么困难,谁可以提供帮助,他/她的回报是什么以及必要的授权。

4. 时间和资源的限制

确定每个任务所需的时间,即根据经验或应用相关方法确定该任务需要耗费的时间。确

定每个任务所需的各种机器设备、能源燃料、原材料的供应、物资的投入时间以及从外部采购的设备和物资的信息等。

5. 计划的协调

计划是对事情的整体安排,计划的目的在于使事情得以高效的落实,进而使目标得以实现。计划不周或主客观情况发生重大变化,是导致计划执行受阻和工作出现脱节的重要原因。因此,根据实际情况特别是重大情况发生的变化调整工作计划和资源分配,是计划协调的重要内容。

6. 检查并修改计划

按下面的标准逐条检查并修改计划:这些目标真的有价值吗?是否有根本不需要做的事情列入了计划表?哪些事情被放弃不做,为什么?事情是否是按重要程度和紧急程度依次进行的?哪件事情有最高的优先级?哪些目标现在不能实现及其原因是什么,思考解决不能实现的目标所需的具体方法和步骤,排除那些无法控制的因素。对于有截止期的任务,是否有足够的时间在时限内完成?你会高兴地执行这个计划吗?将上述反思意见汇总重新制订时间计划表。

任务一　轮机部日常维修保养计划的编制与实施

子任务 1　编制轮机部日常维修保养计划

一、任务介绍

组成轮机部团队,对人员进行角色分工。根据相关资料和要求,轮机部人员根据所负责设备的技术状态,提出并编写设备日常维修保养计划,由大管轮汇总,经轮机长审核后报公司。

二、任务分析

轮机部人员编制日常维修保养计划时,重点在于编制计划的方法和步骤,主要技能点和知识点包括任务目标的认知、优先排序、人员的指派、时间和资源的限制、计划的协调以及自评。

三、相关知识

1. 维修保养计划

(1)确定维修保养任务和总目标,并对目标进行分解。根据设备说明书或厂方提供的保养手册要求以及法定检验和船级检验的要求,确定维修保养计划的工作任务,再结合日常工作中急需的、影响船舶安全的、关键操作的设备以及船舶实际的技术状况,确定维修保养计划的总目标。将总目标分解为大管轮、二管轮、三管轮各自负责的小目标。将每一个小目标再分解为季度维修保养目标、月度维修保养目标以及周、日维修保养目标。

(2)把各维修保养目标按优先顺序进行排列。各轮机员把年度目标分解成的各个季度目标进行优先次序排列,把季度目标分解成的各个月目标进行优先次序排列,把各月目标分解成的日目标进行优先次序排列。对各种有时间冲突的任务,按轻重缓急进行排序,将其归入四个象限。如果有突发的重要事情,重新按轻重缓急的次序排列。

(3)指定检修负责人和维护保养人。每项维修保养工作都要落实到人,指定检修负责人和维护保养人,明确维修保养的内容、要求、时间、期限及试验验收的规定。

(4)在编制计划时,应充分考虑时间和资源的限制。在编制计划时应考虑到时间和资源的限制,使全年维修保养工作能均衡地进行,同类型设备尽可能安排连续修理。第四季度维修保养的工作量应适当减少,为下年度留出更多生产准备的时间。

(5)计划的协调。大管轮对年度维修保养计划进行汇总,轮机长对一些受到时间和资源限制的维修计划进行调整,审核后,生成轮机部维修保养计划,发至公司。实施过程中,如果船上的备件、操作工艺达不到要求,轮机长应进行协调,争取得到公司人员或资源的岸基支持。

2. 日常维修保养的主要内容

(1)日保养。以制订日保养工作计划表形式进行(A、B级维修保养)。其主要内容是:搞好船舶环境和设备的清洁卫生;对设备进行检查并排除"三漏"(水、油、气);检查蓄电池及电解液比重;检查机油柜、发动机、齿轮箱等的机油位及膨胀水箱冷却水液面高度等。

(2)月度保养。以制订月度保养工作计划表形式进行(C、D级维修保养)。其主要内容是:检查窗、门、盖水(风雨)密性能;清洗或更换燃油、机油滤器及空气滤清器;检查主机等设备润滑状态,对各设备按规定定时加注润滑油等;风油切断、火灾报警、集中监控常规检查;检查液压舵机管路密封性能、油质;检查泵水封、艉轴油、水封密封性以及其他必要的维护保养工作。

(3)季度保养。计划检修项目由船舶负责编制(D、E级维修保养),报批后执行。其主要内容是:检查轴系、管系;拆检主机、副机、电气设备或更换部件;检查舵系统及其他航行设备;其他必要的检修。

(4)年度检修。计划检修项目由船舶负责编制(E、F级维修保养),报批后执行。其主要内容是:甲板机械,主、辅机等设备的检修保养按其保养手册执行;其他项目参照季度检修项目执行。

3. 月度维修保养的实施

(1)轮机长每月根据已编制批准的轮机部年度预防检修计划表,将当月的维修保养项目,分别填入月预防检修计划和执行记录表中,确需改变时,应报相应部门批准同意并适时调整维修计划。

(2)轮机长要将每月的维修保养项目分解到设备主管人员;要注意必须明确指出维修保养的内容、要求及试验验收的规定。

(3)考虑到船舶运行的特殊情况,当月不能按计划完成的维修保养项目要尽量安排在下月完成,如果长期不能完成的,要报船管部机务主管安排适当时间完成,主管要做好备案。

(4)设备主管人员对设备进行养护后,要在轮机日志、电气日志和维修保养记录簿上做好记录,并且要向部门长报告设备维护工作完成的简要情况,部门长在月预防检修计划和执行记录表上记录。执行循环检验的应在循环检验簿上认真填写,保留好养护证据以供船检认可。

(5)设备检修后各种测量记录要按规定填写,由部门长签字认可后按规定报送。

(6)每月底轮机长和电子电气员都必须将月预防检修计划和执行记录表向船长报告,经船长签字后一式两份,一份留存,一份报送船管部机务主管。

(7)完成计划外的预防检修项目,主管人员应报告轮机长,轮机长在月预防检修计划和执行记录表中增补填上。

(8)执行 MARPOL73/78 公约附则Ⅵ的要求:禁止任何故意释放消耗臭氧物质的行为,船上所有含有消耗臭氧物质的设备安装、维修和拆除,均应按附则要求实施;须回收的,均应回收到接收设施中。

4. 轮机部维修报告

(1)日保养工作计划表和月度保养工作计划表既是日保养和月度保养计划,同时也是实施计划的报告,计划完成后,留船备查。

(2)对日保养、月度保养、季度保养及年度保养计划中,因故未完成和临时增加的项目应予以说明,并相应调整维修计划。

(3)船舶季度保养和年度保养完成后,应将完成情况报公司主管部门,其在检修过程中进行的测量、更换、维修等应记入维修保养记录簿中备查。

四、任务实施

1. 操作流程

(1)确定维修保养任务和总目标,并对目标进行分解;

(2)把各维修保养目标按优先顺序进行排列;

(3)指定检修负责人和维护保养人;

(4)编制计划时,应充分考虑时间和资源的限制;

(5)计划的协调;

(6)对编制的计划进行自评。

2. 实施标准

(1)对任务目标有合理的认知,计划和协调完善,人员的指派合理,充分考虑时间和资源的限制,时间和资源的优先排序合理。

(2)对任务目标有合理的认知,计划和协调完善,人员的指派合理,充分考虑时间和资源的限制,时间和资源的优先排序不合理。

(3)对任务目标有合理的认知,计划和协调完善,人员的指派合理,没有充分考虑时间和资源的限制,时间和资源的优先排序不合理。

(4)对任务目标有合理的认知,计划和协调完善,人员的指派不合理,没有充分考虑时间和资源的限制,时间和资源的优先排序不合理。

(5)计划编制混乱,无法实施。

五、评价

1. 任务目标的认知

首先选出优先进行的任务目标,然后将目标量化分解为具体的行动目标。

2. 优先排序

对目标和有时间冲突的任务能按照重要紧急程度进行优先排序。

3. 人员的指派

明确人员的分工、任务的标准以及人员的权限。

4. 时间和资源的限制

确定每个任务所需的时间和设备等资源。

5. 计划的协调

能根据任务的变化情况适时调整工作计划和资源。

6. 自评

针对编制的计划,从资源管理方面进行自评。

子任务 2　主机吊缸计划的编制与实施

一、任务介绍

船舶停靠码头,预计 24 h 后开航。根据主机运行时间和实际状况,组成轮机部团队,编写主机吊缸计划并实施。

二、任务分析

编写主机吊缸计划时,训练重点在于编制计划的方法和步骤,主要技能点和知识点包括任务目标的认知、优先排序、人员的指派、时间和资源的限制、计划的协调以及自评。

三、相关知识

1. 分派工作

制订计划时,主管人员都要分派工作。首先要提前掌握两个基本情况:一是检修人员的身体健康状况。身体健康是安全工作的保证,一旦他本人身体不适任这项工作,若再去从事这项作业,将随时会发生安全问题。例如,某项工作涉及登高作业,而某人又有高血压的症状,当他进行登高作业时,随时都有可能会晕倒在现场,一旦发生这种情况,后果将是非常可怕的。二是检修人员的技术水平。检修人员的技术水平对检修过程的安全和检修质量起着决定性的作用,主管人员一定要了解和掌握检修人员的技术水平,以便及时对计划进行调整。

2. 主机吊缸

(1)在进行主机吊缸检修前,轮机长应通过船长向港口当局申请,征得港口当局的同意后方能进行,并且应在港口当局规定的时间段内完成主机吊缸作业。

(2)轮机长在准备吊缸前一天负责组织轮机部全体人员就吊缸的基本操作和劳动安全进行培训。

(3)大管轮应在吊缸前放掉该缸缸套水、切断燃油循环、合上盘车机、切断控制空气和启动空气,规定起重时的联络信号和指挥人员。

(4)按照主机说明书的有关操作步骤对参加人员进行分工。轮机长应对吊缸工作的全过程进行监督,对吊缸工作过程中遇到的困难进行指导。

(5)在起吊缸头前,轮机长应对与缸头连接的油、水、气管路和废气阀后排烟管的脱离工作进行最后确认,起吊缸头时应使用专用索具和吊环。

(6)起吊活塞前应将缸套上部的积炭彻底清洁干净,将活塞盘车至上止点,彻底清洁活塞顶部的环槽并装妥专用工具,确认工具被可靠安装后方可起吊活塞;确认盘根箱壳体和活塞杆全部脱离,并且伸缩管已经被固定在上止点处机体上。

(7)在清洁活塞和拆掉活塞环之前应结合缸套检查如下内容:活塞环是否有磨损、擦伤、刮伤、粘咬、断裂/塌陷、漏气、大量积炭和润滑不良等情况。

(8)拆装活塞环必须使用专用工具。清洁活塞环槽时禁止使用砂布条打磨,并且还应特别注意将周向圆形倒角内的积炭清洁干净;对换下的活塞环进行清洁、测量,并判断活塞环是否可以继续使用到下一吊缸周期;活塞环换新时活塞环搭口处不允许进行倒角处理。

(9)如果活塞需要解体,内部的密封环应全部换新,组装完毕后进行试压。

(10)测量缸套前必须对测量工具进行校验。将缸套测量数据与上次测量数据比较,判断气缸是否发生异常磨损。

(11)每个吊缸周期必须解体盘根箱。组装盘根箱时气封和刮油环要按说明书的结构组装好,不能错位。

(12)检查缸套内壁有无刮伤、微小划痕、起线、烧灼、腐蚀等现象;手动泵气缸油,检查气缸油泵的注油情况。并根据吊缸检查的结果调整气缸油量(按说明书具体调整方法进行)。

(13)必须按说明书要求,定期将气缸套拉出进行检查。主机缸套拉出后检查冷却水面的汽蚀、腐蚀情况,并清洁水腔内的水垢,组装前必须更换密封环。

(14)对于 MAN B&W 型主机,在每次吊缸时还应解体缸套上部的小水套,清洁水垢并更换密封环。拆卸小水套时应用专用工具将其顶出,禁止用天车直接拉拔。

(15)对于 Sulzer 机型,每次吊缸时还应解体活塞,清洁冷却腔内部积炭,更换内部密封环。重新组装后应进行试压。

(16)及时将各测量结果与说明书的具体要求进行比较,如果超过极限值,应及时换备用件或调整。

(17)各部件检查完毕后,按先拆后装的原则进行组装,组装时应认真仔细,防止返工。组装完毕后应及时进行串油、串水检查。与船长联系进行试车,检查空气和燃气是否漏泄。

(18)开航后应按说明书规定进行磨合。

四、任务实施

1. 操作流程

(1)主机吊缸计划的编制

①确定主机吊缸任务和总目标,并将总目标分解为小目标。轮机长召开轮机部工前会议,阐明吊缸的主要任务和总目标,并分解为不同的小目标。例如:主机吊缸作业安全措施的制定、吊缸前工具和量具的准备工作、缸套上部积炭的清洁、活塞环的检查、气缸套的检查、吊缸数据的测量记录等。熟悉吊缸的程序,并进行风险评估。

②对主机吊缸的各小目标进行优先排序。根据优先顺序,对上述小目标进行排列。例如:待检修设备从运行的系统中隔离操作,对行车的检查、试验以及数据的测量记录等。

③人员的分工。制订计划时,对主要人员都要分派工作。例如:大管轮负责缸盖、活塞、缸套的拆检测量,二管轮负责曲轴箱内活塞杆的拆检,三管轮负责盘根箱的拆检测量。同时,明确作业的安全措施、操作程序、注意事项、相关的技术标准和检修规范等。

④应充分考虑时间和资源的限制。在编制主机吊缸计划时应考虑到时间和资源的限制,征得港口当局的同意和资源充足后方能进行,并且应在港口当局规定的时间段内完成主机吊

缸作业。

⑤计划的协调。轮机长对一些受到时间和资源限制的检修项目进行调整,如果船上的备件、操作工艺达不到要求,轮机长要进行协调,争取得到公司人员或资源的岸基支持。

⑥对编制的计划进行自评。

(2)主机吊缸的实施

①由大管轮现场指挥,按照吊缸程序及人员分工进行主机的吊缸工作。

②对有关部件进行清洁、测量与检查,修理或更换不合格部件。

③按正确的程序进行主机装复。

④对主机进行运转测试。

⑤做好相关记录。

⑥轮机长对任务的实施情况进行总结,其他人员对任务的完成情况进行自评。

2. 实施标准

(1)对任务目标有合理的认知,计划和协调完善,人员的指派合理,充分考虑时间和资源的限制,时间和资源的优先排序合理。

(2)对任务目标有合理的认知,计划和协调完善,人员的指派合理,充分考虑时间和资源的限制,时间和资源的优先排序不合理。

(3)对任务目标有合理的认知,计划和协调完善,人员的指派合理,没有充分考虑时间和资源的限制,时间和资源的优先排序不合理。

(4)对任务目标有合理的认知,计划和协调完善,人员的指派不合理,没有充分考虑时间和资源的限制,时间和资源的优先排序不合理。

(5)计划编制混乱,无法实施。

五、评价

1. 任务目标的认知

首先选出优先进行的任务目标,然后将目标量化分解为具体的行动目标。

2. 优先排序

对目标和有时间冲突的任务能按照重要紧急程度进行优先排序。

3. 人员的指派

明确人员的分工、任务的标准以及人员的权限。

4. 时间和资源的限制

确定每个任务所需的时间和设备等资源。

5. 计划的协调

能根据任务的变化情况适时调整工作计划和资源。

6. 自评

针对编制的计划,从资源管理方面进行自评。

任务二　轮机部备件的申请、接收和保管

子任务1　轮机部备件的申请与订购

一、任务介绍

根据船级社的要求和船舶实际情况组成轮机部团队，制订备件申请计划，填写订购单。

二、任务分析

制订备件申请计划时，训练重点在于制订计划的方法和步骤，主要技能点和知识点包括任务目标的认知、优先排序、人员的指派、时间和资源的限制、计划的协调以及自评。

三、相关知识

1. 备件申请

(1)船舶备件申请必须由主管轮机员提出，经大管轮确认汇总，轮机长审核后报公司，特急备件可以以EMAIL或传真的形式申请。备件申请计划中必须准确地填报下述内容：

①所属设备的制造国家、厂家、机型、出厂号。

②备件名称、备件号或图号、规格及有关各技术参数等。

③申请数量和船存量。

④需要供船时间。

⑤大件的申请要注明申请理由。

(2)对修船时要更换的备件，应提前3~6个月报公司机务部主管监督员。

(3)对船舶营运中因临时故障急需的备件，要电告安技部船技处申请紧急供船。

2. 备件的订购

(1)船舶备件的订购一般由公司负责。可以从备件系统(设备说明书)里找到备件编码和设备号码，将要订购的备件编码和数量填进订购单。订购备件必须填写连续的订货号码，还要告知供应厂家要求的交货时间、交货地点等。当公司收到供应厂的备件供应的具体时间、地点后，应及时通知船舶，以便船舶做好备件的接收工作。

(2)对于应急的备件需求，在获得公司的批准后，船舶可通过船舶当地代理直接向备件供应厂家订购备件。一般由轮机长在船上填写4份备件订单。将订单分送给供货厂家(原件)和船公司(副本)；船上的1份副本放在已订购文件夹内，待收到备件后再送给船公司；船上的另1份副本存入已订购文件夹内长期存查。

四、任务实施

1. 操作流程

(1)确定备件申请计划的目标，并将总目标分解为小目标。根据备件定额、船存数量、设备实际情况、维护保养计划和消耗规律，确定备件申请计划的目标，并将目标分解为各设备的

小目标。

(2)对备件申请计划的各小目标进行优先排序。根据船舶设备工况需求的轻重缓急、船期、备件库存、设备工况、船舶所处的位置等因素,确定拟订购备件的优先顺序。

(3)人员的分工。轮机长召开轮机部的备件申请会议,对人员进行分工。各轮机员核实主管设备的库存,提出各自主管设备的备件申请,大管轮对申请单进行汇总,轮机长审核,生成备件申请单,将备件申请单发至公司。同时,明确订购备件的注意事项。

(4)应充分考虑时间和资源的限制。在制订备件申请计划和订购单时应考虑时间和资源的限制,应估计备件交货时间的长短,明确交货时间。对于资金、技术资料等资源,应注意节约和控制成本,对图纸说明书不全或无法提供备件号的,应详细表述部件的名称、结构、用途并画图说明,标注其尺寸、结构。

(5)计划的协调。轮机长根据申请备件的使用位置、用途、价格水平、质量要求等因素,对一些没有及时申请造成设备不能正常运转或者因盲目申请造成库存积压的备件申请计划进行调整。如果达不到要求,轮机长应进行协调,争取得到机务主管的支持。

(6)对编制的计划进行自评。

2. 实施标准

(1)对任务目标有合理的认知,计划和协调完善,人员的指派合理,充分考虑时间和资源的限制,时间和资源的优先排序合理。

(2)对任务目标有合理的认知,计划和协调完善,人员的指派合理,充分考虑时间和资源的限制,时间和资源的优先排序不合理。

(3)对任务目标有合理的认知,计划和协调完善,人员的指派合理,没有充分考虑时间和资源的限制,时间和资源的优先排序不合理。

(4)对任务目标有合理的认知,计划和协调完善,人员的指派不合理,没有充分考虑时间和资源的限制,时间和资源的优先排序不合理。

(5)计划编制混乱,无法实施。

五、评价

1. 任务目标的认知

首先选出优先进行的任务目标,然后将目标量化分解为具体的行动目标。

2. 优先排序

能根据船舶需求的轻重缓急、船期、备件库存等情况进行优先排序。

3. 人员的指派

明确人员的分工、任务的标准以及人员的权限。

4. 时间和资源的限制

能考虑到时间、资金和技术资料等资源的限制。

5. 计划的协调

能根据船舶具体情况适时调整计划和资源。

6. 自评

针对编制的计划,从资源管理方面进行自评。

子任务2　轮机部备件的接收和保管

一、任务介绍

船舶停靠码头，接公司通知将有备件交到船上，根据船舶实际情况，制订备件接收和保管计划。

二、任务分析

制订备件接收和保管计划时，训练重点在于制订计划的方法和步骤，主要技能点和知识点包括任务目标的认知、优先排序、人员的指派、时间和资源的限制、计划的协调以及自评。

三、相关知识

1. 备件接收

(1)当接公司通知将有备件安排在码头交船时，船长及轮机长到港后要主动联系有关代理，避免漏交。

(2)每次收到备件时，轮机长应安排人员立即按签收单或装箱单核对来货。核查备件质量、数量，检查有关证书、说明书、图纸资料等是否齐全，备件规格是否正确；如发现所订备件的数量和规格不符合签收单要求时，应及时报公司机务部。

(3)同时填写“船舶备件物料质量信息反馈表”报机务部，以便公司安排补供和索赔，船舶机务部与供应商联系处理。原则上切勿尝试自行加工改装。

(4)船上收到备件后，应及时电告机务部，如果没有收到，离港后应立即电告公司，以便及时处理。

(5)船舶应及时将“备件供船签收单”原件寄到船舶机务部，复印件留船存档。

2. 备件的保管

(1)各种备件应有专人保管，按所属设备分类整齐地存放在固定处所，并挂标识牌(写明机型、配件名称、规格和编号)，每月检查备件，保持备件处于可靠的状态。不同设备的备件不要混放在一起，应方便取用。

(2)各种大型、重型、精密的备件应妥善放置，做好衬垫、绑扎工作，防止翻倒、振动、碰撞。

(3)非正常损坏的配件，应尽可能原样保存好，以便日后分析其损坏的原因，避免重复损坏。

(4)换下的旧件可继续使用的应尽量修复留作备用，并做好登记工作。船员无能力修理的则应保存好并做好标注，报请机务部安排交厂修理。

(5)库存备件应设进出库登记本并翔实记录。各种备件应有明细卡片，以便准确地判明其名称、规格和所属设备。

(6)根据备件保存的要求，定期进行清洁保养，防止锈蚀变质、变形，使各种备件随时处于可用状态。

(7)备件的报废，要由轮机长鉴定并每半年向技术部书面申报欲报废备件明细表。待批准后，由物资库安排集中按规定处理。

(8)对于有特殊保管条件的备件,要按要求放置在适当的地方。

(9)尚可使用的旧件也应登记入册,并注明质量、规格和成色,若经加工,则应填注加工后的尺寸。

3. 备件的清点和使用

(1)船舶设备分管人员应建立“船舶库存备件清册”,一式两份,一份存船由轮机长保管,一份存公司技术部。每季度主管轮机员对分管设备备件进行清理、登记,当库存量变化时应及时更新,备件消耗应填写“船舶备件消耗表”报技术部,每年底报机务部。

(2)更换备件,由设备主管人员对所需更换的零部件认真检查、测量,确认不能继续安全使用时,方可更换,然后及时填写“船舶备件消耗表”,并简要说明更换或损坏的原因。每月底,应对本船当月的备件领耗情况进行汇总,填写备件领用、消耗表,并随其他月度报表一起上报技术部。

(3)重大备件的更换要经轮机长同意后方可进行,并将损耗原因,每半年汇总上报技术部。

(4)轮机长应组织人员对备件的使用质量进行质量跟踪,并及时反馈给技术部。

(5)新造船和新购船在接收之后,轮机长应督促并组织各主管轮机员在一个月内清点完船存备件并建立备件清册。

(6)备件清册作为轮机长交接班手续之一,双方须交接清楚并在交接记录上签字。

4. 质量跟踪及反馈

(1)更换或使用备件需按要求认真填写“船舶备件使用记录簿”,以便对供船的备件质量有一个全过程的跟踪管理。

(2)配合公司做好国产备件开发使用工作,并及时反馈使用情况。

四、任务实施

1. 操作流程

(1)确定备件接收和保管计划的目标,并将总目标分解为小目标。根据备件订购单和船舶实际情况,确定备件接收和保管计划的目标,并将目标分解为不同设备备件的小目标。

(2)对备件接收和保管计划的各小目标进行优先排序。根据船舶备件是大型、重型、精密的备件还是一般备件或者换下的旧件进行优先排序。

(3)人员的分工。轮机长对人员进行分工。各轮机员应核实主管设备的库存,制订各自主管设备的接收和保管计划,由轮机长审核。同时,填写“船舶备件使用记录簿”,翔实记录备件进出库登记本。

(4)应充分考虑时间和资源的限制。在制订备件接收和保管计划时应考虑到时间和人力资源的限制,应估计到备件接收时间的长短,合理安排人员。由于受船员修理能力和备件库的制约,应及时报请技术部安排交厂修理或者报废相关备件。

(5)计划的协调。轮机长根据重大备件的更换及备件的使用情况,组织人员对备件的使用质量进行跟踪,及时调整备件接收和保管计划。

(6)对编制的计划进行自评。

2. 实施标准

(1)对任务目标有合理的认知,计划和协调完善,人员的指派合理,充分考虑时间和资源的限制,时间和资源的优先排序合理。

(2)对任务目标有合理的认知,计划和协调完善,人员的指派合理,充分考虑时间和资源的限制,时间和资源的优先排序不合理。

(3)对任务目标有合理的认知,计划和协调完善,人员的指派合理,没有充分考虑时间和资源的限制,时间和资源的优先排序不合理。

(4)对任务目标有合理的认知,计划和协调完善,人员的指派不合理,没有充分考虑时间和资源的限制,时间和资源的优先排序不合理。

(5)计划编制混乱,无法实施。

五、评价

1. 任务目标的认知

首先选出优先进行的任务目标,然后将目标量化分解为具体的行动目标。

2. 优先排序

能根据船舶备件是大型、重型、精密的备件还是一般备件进行优先排序。

3. 人员的指派

明确人员的分工、任务的标准以及人员的权限。

4. 时间和资源的限制

能考虑到时间、船员修理能力和备件库等资源的限制。

5. 计划的协调

能根据船舶具体情况适时调整计划和资源。

6. 自评

针对编制的计划,从资源管理方面进行自评。

任务三　轮机部物料、润料和工具的申请、接收和保管

子任务 1　轮机部物料和工具的申请

一、任务介绍

根据公司规定和船舶实际情况,制订物料和工具申请单。

二、任务分析

制订物料和工具申请单时,训练重点在于制订的方法和步骤,主要技能点和知识点包括任务目标的认知、优先排序、人员的指派、时间和资源的限制、计划的协调以及自评。

三、相关知识

1. 物料的申请

(1)船舶物料每季度供船一次,特殊情况除外,但必须说明重复申请的原因、用途等详细情况。

(2)船舶物料的申请由大管轮填写,在每季度的最后一个月申报下一季度物料,并填制规定格式的船舶物料申请单,由轮机长审核签字后经船长报公司机务部。

(3)申请物料前必须仔细盘点船舶的库存量,按照定额或生产经营的最低要求确定申请数量。

(4)申请物料前,轮机长应会同各主管人员了解情况、收集信息,尽可能避免遗漏和重复申请。

(5)船舶物料申请单应详细注明所需物料的名称、规格、型号或标准编码(ISSA NO.)、单位、数量,部分物品还需提供其性能或指标参数、产地等,以便于采购报价,同时必须填报库存量。

(6)高价值的非易耗品必须注明损耗原因(自然磨损或意外损坏)。

(7)部分规格型号不清或名称难以表述的物品,必须在申请时附上草图,明示其形状、结构、尺寸等,以便于订购。

(8)轮机长对所申请的物料的数量、规格、型号负有直接责任,在交(寄)公司前应认真核查,严格把关。

(9)任何因申请物料不及时或提供的规格型号错误而导致影响船舶正常生产经营、多次重复申请或不按规定申请导致物料的库存积压等,公司将按其情节给予处罚。

2. 工具清单

大管轮应编制好上述各类工具的清单,并根据工具清单每年清点一次,报告给公司。如果需要订购附加的专用工具或者需要更换工具时,应查明工具的名称、代号以及设备的型号。这些资料一般都附在设备说明书的工具表中。

四、任务实施

1. 操作流程

(1)确定物料和工具申请单的目标,并将总目标分解为小目标。根据船舶物料和工具的库存量、定额或生产经营的最低要求,确定物料和工具申请单的目标,并将目标分解为各小目标。

(2)对物料和工具申请单的各小目标进行优先排序。根据船舶实际需求的轻重缓急、船期、物料工具库存、公司规定的定额、船舶的实际生产营运需要等因素,确定拟申请物料和工具的优先顺序。

(3)人员的分工。轮机长对人员进行分工,各轮机员应核实情况、收集信息,尽可能避免遗漏和重复申请。大管轮填写物料和工具申请单,在每季度的最后一个月申报下一季度物料,并填制规定格式的船舶物料申请单,由轮机长审核签字后经船长报公司机务部。

(4)应充分考虑时间和资源的限制。在制订物料和工具申请单时应考虑到时间和资源的限制，应估计到物料、工具交货时间的长短，明确交货时间。对于资金、技术资料等资源，应注意节约和控制成本。

(5)计划的协调。轮机长根据物料工具的使用情况、用途、价格水平、质量要求等因素，对一些没有及时申请影响正常工作或者因盲目申请造成库存积压的物料工具计划进行调整。如果达不到要求，轮机长应进行协调，争取得到公司主管部门的支持。

(6)对编制的计划进行自评。

2. 实施标准

(1)对任务目标有合理的认知，计划和协调完善，人员的指派合理，充分考虑时间和资源的限制，时间和资源的优先排序合理。

(2)对任务目标有合理的认知，计划和协调完善，人员的指派合理，充分考虑时间和资源的限制，时间和资源的优先排序不合理。

(3)对任务目标有合理的认知，计划和协调完善，人员的指派合理，没有充分考虑时间和资源的限制，时间和资源的优先排序不合理。

(4)对任务目标有合理的认知，计划和协调完善，人员的指派不合理，没有充分考虑时间和资源的限制，时间和资源的优先排序不合理。

(5)计划编制混乱，无法实施。

五、评价

1. 任务目标的认知

首先选出优先进行的任务目标，然后将目标量化分解为具体的行动目标。

2. 优先排序

能根据船舶需求的轻重缓急、船期、物料工具库存等情况进行优先排序。

3. 人员的指派

明确人员的分工、任务的标准以及人员的权限。

4. 时间和资源的限制

能考虑到时间、资金和技术资料等资源的限制。

5. 计划的协调

能根据船舶具体情况适时调整计划和资源。

6. 自评

针对编制的计划，从资源管理方面进行自评。

子任务2　轮机部物料和工具的接收和保管

一、任务介绍

船舶停靠码头，接公司通知将有物料和工具交到船上，根据船舶实际情况，制订物料、工具接收和保管计划。

二、任务分析

制订物料、工具接收和保管计划时,训练重点在于制订计划的方法和步骤,主要技能点和知识点包括任务目标的认知、优先排序、人员的指派、时间和资源的限制、计划的协调以及自评。

三、相关知识

1. 物料、工具的接收

(1)所有送船的物料、工具在入库前轮机长必须安排专人进行清点、质量检查,仔细核对其规格、型号等是否与签收单相符,尤其是生产物料是否能满足正常使用。

(2)物料签收单必须由轮机长核对无误后签字盖章,一式两份,一份留船归档,一份由送货人交公司作为付款凭证。

(3)对质量有问题的、规格型号错误影响使用的物料、工具必须做退货处理,并在签收单中加注批注。

(4)船舶接收物料后,必须在一周内向公司提供物料质量反馈信息,其方式可以随船舶的正午报告一起发送至机务部。

(5)由于船方主管人员未尽到检查验收责任,或发现有问题隐瞒不报的,一旦查实,公司将追究相关人员的责任,并根据情节给予经济处罚。

(6)船上收妥物料后,主管人员应及时登记物料册。

2. 物料、工具的保管

(1)轮机部机匠长为轮机部的物料保管责任人,负有定期盘点、库房整理、生产物料的养护、填制物料消耗报表及提出本部门物料的申请计划送轮机长审核等责任。

(2)高值非易耗品物料,须以旧换新,在接收物料时退还公司处理,并由接收人签署下船物品签收单。

(3)专用工具和常用工具必须建立工具卡,并列入船员交接事项。

(4)生产物料应定期养护,避免受腐蚀、氧化或意外损坏。

(5)可修复或能重复使用的生产物料,船员应通过自修、保养或由机务主管安排送陆上修理后恢复使用。

(6)船舶物料每季度末应进行盘点、消耗和存量统计,填报船舶物料季度消耗报表,由轮机长审核签字后随下季度物料申请单交(寄)公司机务部。

(7)船舶物料不得私分、变卖,否则,公司将追究船长、轮机长和保管人的责任。

(8)生活物料应严格按照公司规定的定额在月初发放,严禁利用职务之便在相关人员公休时突击发放、超额发放;否则,将追究保管人的责任。

(9)公司为船员提供的劳动防护用品及房间生活物品,包括床单、毛毯、枕头、被子、被套、台灯、风扇、桌椅、水瓶等生活用品,以及工作服、雨具、雨靴、防护眼镜等,均不属个人所有,必须建立房间物品清单,并列入交接,由接班人员清点无误后签字确认。如有丢失或人为损坏,由责任人负责。

(10)油漆、化学品应按照防火防爆的要求存放在专门的位置,同时避免受潮、变质,在保质期到期前使用完毕;不同品牌、种类的油漆在使用时,应注意其使用方法,防止使用不当造成脱落。

(11)在特殊情况下,船长可安排船舶在国内港口自购物料,但原则上不得超过公司规定,超过公司规定必须征得机务主管的同意。所有自购物料必须有正式的发票,并经船长、经办人、机务主管签字后方可报销入账。

四、任务实施

1. 操作流程

(1)确定物料工具接收和保管计划的目标,并将总目标分解为小目标。根据物料工具申请单和船舶实际情况,确定物料工具接收和保管计划的目标,并将目标分解为不同的小目标。

(2)对物料工具接收和保管计划的各小目标进行优先排序。根据船舶物料工具库存、公司规定的定额、船舶的实际生产营运需要进行优先排序。

(3)人员的分工。轮机长对人员进行分工。值班人员通知轮机部准备接收物料,轮机长安排大管轮带领轮机部人员清点核实,大管轮会同物料供应商按照清单清点并检查物料,大管轮报告物料的清查以及接收情况,轮机长在物料供应单上签字。

(4)应充分考虑时间和资源的限制。在制订物料工具接收和保管计划时应考虑到时间和人力资源的限制,应估计到物料工具接收时间的长短,合理安排人员。

(5)计划的协调。轮机长根据库存、消耗以及物料工具的种类,组织人员对物料工具的使用情况进行跟踪,及时调整物料工具接收和保管计划。

(6)对编制的计划进行自评。

2. 实施标准

(1)对任务目标有合理的认知,计划和协调完善,人员的指派合理,充分考虑时间和资源的限制,时间和资源的优先排序合理。

(2)对任务目标有合理的认知,计划和协调完善,人员的指派合理,充分考虑时间和资源的限制,时间和资源的优先排序不合理。

(3)对任务目标有合理的认知,计划和协调完善,人员的指派合理,没有充分考虑时间和资源的限制,时间和资源的优先排序不合理。

(4)对任务目标有合理的认知,计划和协调完善,人员的指派不合理,没有充分考虑时间和资源的限制,时间和资源的优先排序不合理。

(5)计划编制混乱,无法实施。

五、评价

1. 任务目标的认知

首先选出优先进行的任务目标,然后将目标量化分解为具体的行动目标。

2. 优先排序

能根据物料工具库存、公司规定的定额、实际生产营运需要进行优先排序。

3. 人员的指派

明确人员的分工、任务的标准以及人员的权限。

4. 时间和资源的限制

能考虑到时间和人力资源的限制。

5. 计划的协调

能根据船舶具体情况适时调整计划和资源。

6. 自评

针对编制的计划,从资源管理方面进行自评。

子任务3　轮机部润料的申请

一、任务介绍

船舶停靠码头,本船需加装润滑油,根据船舶实际情况制订润滑油加装计划。

二、任务分析

制订润滑油加装计划时,训练重点在于制订计划的方法和步骤,主要技能点和知识点包括任务目标的认知、优先排序、人员的指派、时间和资源的限制、计划的协调以及自评。

三、相关知识

轮机长应特别关注船舶各种润滑油的消耗情况,根据公司的要求及时准确地上报。尤其对于一些消耗大、关系到主机安全运行的润滑油,更应留有必要的应急储备量,如主机气缸油、主机系统油等。其加油申请原则应包括以下几个方面:

1. 不同的港口,同一品牌、同一型号润滑油的供应价格不同,有时相差较大,为了节省润滑油的费用,应科学选择加油港口和加油量。在船舶配有的润滑油使用相关文件中,一般有关于本船使用品牌的润滑油在世界各地港口的加油价格列表,轮机长应根据以后航次任务、船舶润滑油存量及日消耗情况,综合制订出各型号润滑油的加油计划,并报送公司。

2. 在制订加油计划时,应注意保持各润滑油的最低储存量。在抵达加油港加油时,气缸油应保持使船舶至少正常航行5天的存量;主机系统油应保持至少主机正常工作循环量的85%存量。

3. 加油应选择在靠泊装卸货或加装燃油时同时进行,杜绝因加装润滑油专门挂靠港口。

4. 如果船舶处于航次租船或期租期间,应尽可能提前掌握租家的未来航次任务,避免在加油困难的港口加装润滑油。

5. 各主要品牌的润滑油都有各自的取样瓶,在向公司报送加油计划时,应根据需要一起订购。

四、任务实施

1. 操作流程

(1)确定润滑油加装计划的目标,并将总目标分解为小目标。根据船舶航次计划、船舶润料存量和消耗规律,确定润滑油加装计划的目标,并将目标分解为不同的小目标。

(2)对润滑油加装计划的小目标进行优先排序。根据船舶所加润料的品种、数量、存量以及加油管是否相同等因素，确定加装计划的优先顺序。例如，若主机气缸油与主机系统油同管，应先加装主机系统油；若主机系统油与副机系统油同管，应先加装副机系统油。

(3)人员的分工。轮机长召开润料加装计划会议，对人员进行分工。大管轮清点润料的库存，根据船舶使用情况和库存情况提出所需的润料的申请。申请单应注明润料的品牌、型号、数量、桶装还是散装等信息，轮机长对申请单进行审核，生成润料的申请单，将润料申请单发至公司。

(4)应充分考虑时间和资源的限制。在制订润滑油加装计划时应考虑到时间和资源的限制，应根据日消耗情况估计存量润料使用的时间以及航次任务、船舶润滑油存量、润滑油价格等资源的限制。

(5)计划的协调。轮机长根据不同港口的滑油价格差异、航次任务、船舶润滑油存量、日消耗情况、各润滑油的最低储存量等因素，对润滑油加装计划进行调整，综合制订出各型号润滑油加装计划，并报送公司。

(6)对编制的计划进行自评。

2. 实施标准

(1)对任务目标有合理的认知，计划和协调完善，人员的指派合理，充分考虑时间和资源的限制，时间和资源的优先排序合理。

(2)对任务目标有合理的认知，计划和协调完善，人员的指派合理，充分考虑时间和资源的限制，时间和资源的优先排序不合理。

(3)对任务目标有合理的认知，计划和协调完善，人员的指派合理，没有充分考虑时间和资源的限制，时间和资源的优先排序不合理。

(4)对任务目标有合理的认知，计划和协调完善，人员的指派不合理，没有充分考虑时间和资源的限制，时间和资源的优先排序不合理。

(5)计划编制混乱，无法实施。

五、评价

1. 任务目标的认知

首先选出优先进行的任务目标，然后将目标量化分解为具体的行动目标。

2. 优先排序

能根据船舶所加润料的品种、数量、存量以及加油管是否相同等因素，确定加装计划的优先顺序。

3. 人员的指派

明确人员的分工、任务的标准以及人员的权限。

4. 时间和资源的限制

能考虑到存量润料使用的时间以及航次任务、润料存量、润滑油价格等资源的限制。

5. 计划的协调

能根据船舶具体情况适时调整计划和资源。

6. 自评

针对编制的计划，从资源管理方面进行自评。

子任务4　轮机部润料的接收和保管

一、任务介绍

船舶停靠码头，接公司通知将有润料交到船上，根据船舶实际情况，制订润料接收和保管计划。

二、任务分析

制订润料接收和保管计划时，训练重点在于制订计划的方法和步骤，主要技能点和知识点包括任务目标的认知、优先排序、人员的指派、时间和资源的限制、计划的协调以及自评。在完成该任务时，可以选取一个或几个具体的情境来实施。

三、相关知识

情境一：润料的接收

1. 加油前

(1)主管轮机员根据公司批准的加油计划做好加油准备工作，包括适当的并舱，尽量减少或避免混油。

(2)抵港前明确加油的类型(桶装 Drum 或散装 Bulk)。

(3)轮机长与供油方代表确认加油品种和数量。

(4)在散装情况下，轮机长应同供油方代表确定加油计量方式。并由主管轮机员与供油方代表，一起记录供油驳的流量表初始数值和船舶相关油舱初始存油量。如果供油驳没有流量表，一般由主管轮机员与供油方代表一起测量供油驳的相关油舱的初始存油量；加桶装油，做好桶装油的吊运工作。

2. 加油中

(1)与加油船工作人员保持密切联系、沟通。

(2)开始加油后，数分钟内与加油船工作人员核实注入量。

(3)当受油舱(柜)中的油量达到本舱(柜)高度的3/4时，应打开下一个舱(柜)的进口阀，防止溢油。注意应先全开下一个受油舱(柜)的进口阀，然后关闭正在装油的舱(柜)的进口阀。

(4)若主机气缸油与主机系统油同管，应先加装主机系统油；若主机系统油与副机系统油同管，应先加装副机系统油。但在换油之前，应尽量清空管系内的残油，尽量减少混油数量。

(5)监督油样的采取，并在油样瓶上做好相关的标记。

3. 加油后

(1)等油舱(柜)中的油稳定后，主管轮机员与供油代表一起测量船方的加油舱(柜)的加油量，同时测量供油驳的供油量，确认一致后，由轮机长在供油收据上签字。

(2)如果发生争议，轮机长应与供油方代表协商，一般应以船方的测量记录为准，如果协商不能达成一致，轮机长应告知船长，由船长决定下一步应采取的措施，如果船期不允许，轮机长可以签署书面声明(抗议)，并由轮机长与供油方代表签字。

(3)若加装桶装润滑油,应快驳入油舱(柜)中,在时间不允许的情况下可暂时放在甲板上,但应牢固绑扎,防止被海浪打入海中造成损失及海洋污染。

情境二:润料的保管

1. 加强分离:

(1)滑油分油机的分离温度应保持在85~90℃。

(2)大型低速柴油机的滑油分油机的分离量为额定流量的1/4,中速筒式活塞柴油机为1/5。

(3)有比重环的分油机应选择合适的比重环,保持油水分离界面在分离盘架的外边缘;无比重环的分油机应确保水传感器的工作精度,保证可靠的排水。

(4)停泊期间,如果停泊时间不长(一周左右),应使滑油分油机连续工作;如果停泊时间较长(十天以上),可考虑适当地停止滑油分油机一段时间。

2. 对于筒式活塞柴油机,每一年对滑油循环舱进行一次清洁,每两年对滑油储存舱进行一次清洁。对于十字头式柴油机,可适当加长清洁时间间隔。

3. 对于筒式活塞柴油机,应按说明书的要求定期更换系统润滑油。

4. 当检测发现定期的滑油化验单反映出润滑油的部分指标变化异常或超标时,应及时采取措施,并尽快取得公司的技术支持。

5. 更换或报废主机系统润滑油必须得到公司的批准。

四、任务实施

1. 操作流程

(1)确定润料接收和保管计划的目标,并将总目标分解为小目标。根据加油的类型、品种和数量,确定润料接收和保管计划的目标,并将目标分解为不同的小目标。

(2)对润料接收和保管计划的各小目标进行优先排序。根据船舶所加润料的品种、数量以及加油管是否相同等因素,确定加装计划的优先顺序。例如,若主机气缸油与主机系统油同管,应先加装主机系统油;若主机系统油与副机系统油同管,应先加装副机系统油。

(3)人员的分工。轮机长召开润料接收和保管会议,对人员进行分工。机舱值班人员通知轮机长准备接收润料;轮机长安排轮机部人员做好接收准备;主管轮机员会同润料供应商按照清单核对查验润料;主管轮机员报告润料的接收情况,做好相关记录;轮机长在润料供应单上签字。

(4)应充分考虑时间和资源的限制。在制订润料接收和保管计划时应考虑到时间和人力资源的限制,应估计到润料接收时间的长短、加油速度,合理安排人员。同时也要注意舱容量和船期的影响。

(5)计划的协调。轮机长根据舱容量、加油速度、船期等因素,及时调整润料接收和保管计划。

(6)对编制的计划进行自评。

2. 实施标准

(1)对任务目标有合理的认知,计划和协调完善,人员的指派合理,充分考虑时间和资源的限制,时间和资源的优先排序合理。

(2)对任务目标有合理的认知,计划和协调完善,人员的指派合理,充分考虑时间和资源的限制,时间和资源的优先排序不合理。

(3)对任务目标有合理的认知,计划和协调完善,人员的指派合理,没有充分考虑时间和资源的限制,时间和资源的优先排序不合理。

(4)对任务目标有合理的认知,计划和协调完善,人员的指派不合理,没有充分考虑时间和资源的限制,时间和资源的优先排序不合理。

(5)计划编制混乱,无法实施。

五、评价

1. 任务目标的认知

首先选出优先进行的任务目标,然后将目标量化分解为具体的行动目标。

2. 优先排序

根据船舶所加润料的品种、数量以及加油管是否相同等因素,确定加装计划的优先顺序。

3. 人员的指派

明确人员的分工、任务的标准以及人员的权限。

4. 时间和资源的限制

能考虑到润料接收时间的长短、加油速度、舱容量和船期等资源的限制。

5. 计划的协调

能根据船舶具体情况适时调整计划和资源。

6. 自评

针对编制的计划,从资源管理方面进行自评。

项目三　轮机部团队的协调与配合

船舶机舱的工作和任务是多种多样的，面临的问题也千变万化，有时是一些日常工作，有时是故障处理。各项工作需要轮机部人员协同完成，仅仅抱着“各人自扫门前雪”的态度是远远不够的，尤其是在特殊情况下，各自为政，互不买账，不仅“门前雪”扫不好，还会造成工作任务完不成，甚至会出现危情和险境。因此，船舶轮机部工作中的协调与配合是机舱资源管理的一个重要方面。

在本项目中，通过轮机模拟器实操训练，使学习者掌握机舱检修工作中轮机长、轮机员之间的协调与配合；常规工况下轮机长、轮机员之间的协调与配合（包括备车与完车、机动航行、正常航行、锚泊、靠港作业、雾中航行、加装燃润料等）；应急情况下轮机长、轮机员之间的协调与配合（包括主机故障、舵机失灵、全船失电、机舱火灾、机舱进水、恶劣海况、搁浅、碰撞、海盗袭击、溢油等）等。

任务一　机舱检修工作中，轮机长、轮机员之间的协调与配合

机舱检修工作是一项多人协同共同完成的工作，轮机长、轮机员、机工是常见的一种工作组合。因此，团队成员应认知他们各自的任务，在设备的检修工作中协作配合，具体要求如下：

1. 轮机长、轮机员要具有良好的团队情境意识

由于轮机部每个成员的个人情境意识不同，即使面对相同的情境，不同的人也会做出不尽相同的判断，单凭个人力量是很难保持高水平的情境意识的，需要形成良好的团队情境意识。

（1）正确地感知检修设备的实际状态与达到的标准。

（2）能敏捷地认知检修设备周围作业环境和作业空间是否相互干涉。

（3）能全面地了解单项检修项目作业时间与总体检修时间是否协调，共用工具是否冲突，备品、备件是否准备。

（4）能正确地预测检修工作中可能的突发事件并有相应的应急预案。

2. 轮机长、轮机员要具有良好的沟通协调能力

沟通主要是通过信息和思想上的交流达到熟悉的目的，协调是为了取得行动的一致。在检修工作中，要做好沟通协调，主要有以下几点：

（1）轮机长、轮机员要做好情感上的沟通。人与动物的基本区别是人有思想、有感情，具有个人局限和偏好，所以在工作中并不总是理智的。因此，了解、疏导、调节人的情感必然是管理沟通的重要工作。轮机长、轮机员要加强沟通，建立平等和亲切的感情，激发出主人翁的责任感和爱船如家的精神。

航运的高风险性、船员的工作环境、不规则的工作时间、极端温度、高强度劳动以及长时间与家庭的分离等都会使船员的疲劳与压力加大。在检修工作中，轮机长、轮机员要相互沟通，切实了解彼此的疲劳与压力，合理安排工作时间与强度。工作中，给同事一个友好的微笑，轻轻地拥抱或拍打一下自己亲密同事的肩膀，等等，都是一种情感沟通。实践表明，情感沟通的威力是巨大的，没有这项技能，便不会成为合格的轮机员或轮机长。

（2）轮机长、轮机员要做好业务信息沟通。在检修工作中，除了存在大量情感沟通之外，在工作层面上，更存在着大量的业务信息沟通，那就是人们对自己怎么工作和应该怎么工作及目前工作情况等的沟通。业务信息沟通其实是管理中每时每刻都在发生而且必须发生的很好的工作。按照其内容指向不同，又可分为工作指令、工作意见和工作建议三大类内容的沟通。在检修工作中，轮机长在检修前召集轮机部人员开会，就检修任务、检修原因、工作时间、检修地点、人员的分工、安全注意事项进行充分沟通和协调，制订工作计划。

（3）轮机长、轮机员要做好责任、权利、利益的沟通。机舱中的任何一个船员，在任何一个较长时段内，都有比较明确的权利、责任和利益划分。船员在轮机部中的责任和权利，构成了机舱管理中的劳动分工、岗位职责和授权划分。船员在轮机部中的利益，主要是经济利益和组织地位，是激励船员干好工作的必要条件和关键因素。检修过程中，根据检修工作计划，轮机部人员各司其职，各负其责，有序开展工作，准备检修工作需要的工具、量具、备件和物料，在相关部位悬挂“禁止合闸”、“禁止启动”等警示牌，设备负责人负责检修设备的切断、参数调整等事项。

（4）轮机长、轮机员要做好制度上的沟通。船舶航行和管理的规章制度是船舶管理的常规化部分，即例行管理部分。事实上，例行管理是船舶安全航行的重要保健因素。没有保健因素，再好、再强壮的人也要生病甚至死亡；没有例行管理，再好、再先进的船舶也可能发生不必要的安全事故。检修工作开始前，轮机长与船长进行充分沟通，征得船长的同意，并就具体事项与甲板部值班人员进行沟通。检修完成后，对检修设备进行装复并按计划进行测试，对检修工作进行总结。

3. 轮机长、轮机员要有良好的领导力和科学的决断力

领导是团队的核心，领导力是领导者应当具备的核心素质。在轮机部，轮机长是轮机部的领导者，要对轮机部负责，轮机长拥有绝对的权威，在有争议的情况下，下属必须服从轮机长所做出的决定。但是，每个轮机员也会面临独自领导机工去处理复杂问题的局面，这就需要培养轮机长、轮机员的领导力。决断力作为领导力的重要一方面，也越来越受到领导者的高度重视。

（1）充分利用团队经验，提高科学决策能力。科学的决策是工作取得实效的关键。要提高科学决策能力就必须深入调查研究和善于集思广益。一是要调查研究。轮机长、轮机员要深入机舱，调查设备情况，对于一些关键设备的拆检，还得亲自参加，学会“解剖麻雀”，这样有利于自己掌握第一手维修资料，也有利于了解和熟悉关键性设备，为科学的决策提供依据。二是要充分利用团队经验。轮机长、轮机员要善于总揽而不要独揽，要善于决断而不要盲断，凡

是涉及设备检修的重大问题,必须充分吸收团队经验,由轮机部团队集体讨论决定,按民主集中制原则,虚心听取大家的意见,在吸纳集体智慧的基础上再做出决定。这样才能保证决策的正确性。

(2)提高全员执行能力。执行力的强弱直接决定着轮机部管理水平的高低,同时也体现了轮机长、轮机员的领导能力。提高执行能力,一是必须全面贯彻船舶安全管理体系的要求,严格按照程序和操作规程办事,切实做到政令畅通、令行禁止,在内部形成说干就干、雷厉风行的办事风格,不折不扣、优质高效地完成轮机长、轮机员交办的各项工作任务。检修现场出现计划安排中未能发现的问题应及时请示领导,尽快确定补救方案将问题造成的损失降到最小。应重点关注检修时间长短及关键设备的检修项目,确保重点检修项目不受其他因素干扰顺利完成。二是要严格落实执行责任制,制订详尽可行的检修工作计划,制订科学合理的工作标准,明确每个岗位的工作职责。三是要切实增强团队精神,充分发挥团队优势,严禁推诿扯皮的行为,杜绝"各人自扫门前雪,不管他人瓦上霜"的现象,强化沟通交流,加强团结协作,切实提高全员整体执行能力。

(3)提高管理能力。强化内部管理有助于规范工作行为、提高管理水平,能增强轮机长、轮机员掌控全局的能力。提高管理能力有三个方法,一是凝聚人心。轮机长、轮机员要在轮机部内形成一个心理凝聚磁场,聚成一股合力,在检修工作中相互谅解、相互支持,形成一个融洽、和睦、友好的工作气氛和环境,产生强烈的信任感。二是运用激励的方法来激发轮机人员的动机。轮机长、轮机员从技术水平、工作态度、工作能力、工作成效等方面对轮机人员进行业务考核。在检修工作中,对表现好、业务精、敬业精神好的轮机人员要进行表扬,在适当时机向公司推荐职务提升,同时辅以经济手段进行奖励。三是提高沟通协调能力。领导是公平与合理的化身,在坚守公平合理的同时,必须做好沟通协调工作。在检修工作前,首先进行详细的组织分工,各负其责,根据检修的轻重缓急协调轮机员的工作;其次,对分析故障有不同看法,应实事求是地给予指导和分析,在操作中遇到疑难问题应适当停顿休息,共同探讨解决;最后,按规章制度协调机工之间的争执和矛盾,使工作能安全、顺利地进行。

综上所述,领导能力是一个综合能力,能否将领导力表现为影响力,需要领导者加强自我修炼,不断提高自身综合素质,把领导力转变为决策力、执行力和管理力。这三个力是一个有机的整体,决策力是前提,执行力是关键,管理力是核心。作为领导者,必须结合工作实际,切实提高自身素质,从而不断推动事业向前发展。

4. 检修工作中,轮机长、轮机员要充分运用团队经验

轮机部的每一个人员都有很多经验教训,但通常是分散的,不成系统。轮机长、轮机员要在检修工作中整理、加工和传递自己的经验,形成团队经验。一般分为两个方面:一是提炼成完整的案例,展示一个团队对检修工作的系统思考以及综合解决问题的过程,主要表现为团队作业的整体经验;二是提炼出解决关键过程以及难点的有效办法,主要表现为个人的独到经验。

(1)完整案例提炼。要提炼完整案例,就需要在每项重要任务或者关键活动之后,进行回顾总结。这些案例中包含创新的方法、团队的良好合作、对检修工作的独到理解、思路复杂而操作简单的方案等,不仅要经常被讨论、学习和思考,而且要被口头传播给新船员。对重点案例一定要讲清楚来龙去脉,与其给团队成员提供 10 个简单故事,不如把一两个案例阐述透彻。真正产生价值、达到复制团队效果的经验案例不是普遍性的原则,而是具体的做法,是事情发

生的过程,是经验教训。

(2)个人经验提炼。总结日常业务工作的经验,是每个优秀轮机人员必须养成的良好习惯。具体做法可以如下:把每个人的经验教训拿出来讨论,每次指定 2~3 人,不仅把经验和教训说出来,更要回顾事情发生的过程,回到事情的目的、计划和实际的进展上。不管是经验还是教训,都要多问为什么。轮机长要指导帮助,提出具体改进建议。

5. 团队自评

检修工作结束后,轮机长、轮机员应从情境意识、沟通协调能力、领导力和决断力等方面做好检修后的各项自评,不断积累经验以使整个检修计划和团队的协调配合不断优化。同时,汇总检修期间对设备进行检查测量的各项数据,及时更新设备档案,为设备运行情况做动态的监控提供依据,利用统计数据预测设备状态。对停机时间点检测到的新问题做好记录,为下一次检修计划的制订做好准备。对重点检修项目的检修步骤进行总结汇总,对各种实施方案进行比较,通过不断的改进达到对检修步骤的优化。

子任务 1　船舶停靠码头,主机吊缸检修

一、任务介绍

船舶停靠码头,预计 24 h 后开航。主机某缸上次吊缸后距现在已近 8 000 h,需要吊缸。

二、任务分析

主机吊缸进行检修,训练重点在于检修工作中轮机长、轮机员之间的协调与配合,主要技能点和知识点包括情境意识、沟通能力、轮机长(员)的领导力和决断力、团队经验以及自评等。

三、相关知识

主机吊缸步骤(参见“项目二任务一子任务 2 主机吊缸的相关知识”)。

四、任务实施

1. 操作流程

(1)吊缸前,轮机长组织轮机部全体人员就吊缸的基本操作和劳动安全进行培训。

(2)轮机长按照吊缸计划进行人员分工及任务分派。

(3)团队人员按照分工各就各位,根据吊缸程序进行相关工作并及时反馈。

(4)各部件检查完毕后,按先拆后装的原则进行组装。

(5)装复后与驾驶台沟通,进行试车等相关工作。

(6)做好相关记录。

(7)对任务完成情况进行自评。

2. 实施标准

(1)具有良好的情境意识,沟通能力强,有领导力和决断力,配合良好。

(2)具有良好的情境意识,沟通能力较强,领导力和决断力一般,配合较好。

(3)具有良好的情境意识,沟通能力一般,领导力和决断力一般,配合一般。

(4)情境意识较差,沟通能力一般,领导力和决断力一般,配合一般。

(5)没有情境意识,沟通能力差,没有领导力和决断力,配合差。

五、评价

1. 情境意识

对于所做的工作,要有感知、认知、全面了解以及预测等方面的团队情境意识。

2. 沟通的能力

团队要做好情感上的、业务信息上的、制度上的以及责任、权利、利益的沟通。

3. 轮机长(员)的领导力和决断力

能体现出科学决策能力、全员执行能力、管理能力。

4. 团队经验

能体现出由完整案例提炼的整体经验和由"关键过程以及难点"提炼的个人经验。

5. 团队自评

针对完成的工作,团队从情境意识、沟通能力、领导力和决断力、团队经验等方面进行自评。

任务二　常规工况下,轮机长、轮机员之间的协调与配合

常规工况下,轮机长、轮机员之间的协调与配合主要从以下几点来考虑:

1. 按照合理的优先顺序进行资源分配、人员指派

团队领导(轮机长)组织大家在合适地点(例如集控室)采取"O"形或"U"形的站位,召开任务开始前安排会。

①值班人员就任务的相关信息、机舱设备的实际状态和轮机长进行沟通;②轮机部其余人员就自己的休息情况、疲劳程度、正在进行的工作以及主管设备的状况与轮机长进行沟通;③轮机长就团队成员的实际职务、经验、设备熟悉情况与团队成员进行充分沟通;④轮机长综合以上各种情况,对于任务中的角色分工、责任以及信息、通信等资源进行充分讨论;⑤轮机长就团队角色指派、资源利用、值班人员安排、任务安排做简要说明并获得团队成员的承诺。

2. 正确的工作态度和良好的团队情境意识

在任务进行过程中,为了具有并保持良好的情境意识,轮机部人员必须具有正确的工作态度。对于情境意识,要做到以下几点:①轮机部团队能正确地感知船舶状态、机舱设备实际状况以及与任务有关的信息;②对于工作的程序、设备操作以及安全注意事项有充分的认知和全面了解;③对于工作中可能出现的特定行为进行情境预想,做好必要的戒备和采取适当措施,从容应对工作中出现的特殊情境。

3. 保持良好的通信和沟通

在工作中,团队成员应清楚地知道各自所处的情境,采取多种有效的手段加强和保持通信

和沟通。为了确保准确、有效、严肃、及时地传递信息,轮机人员应积极有效地沟通自己与其他轮机人员之间的工作关系,必须熟练地掌握船内通信工具和信号装置的使用。

工作过程中,要始终保持良好的沟通,主要包括三方面:

(1)上行沟通。一方面,轮机长把工作的进度、完成情况以及需要驾驶台配合的情况及时地与驾驶台进行沟通;另一方面,轮机人员把工作的完成情况、设备状态、有益的建议、是否遇到疑难问题以及是否需要他人协助等问题及时反馈给轮机长。

(2)下行沟通。轮机长综合各方面的信息,把驾驶台的指令以及自己的决策、安排以及建议方法清楚无歧义地传达给轮机人员,协调他们的行动,使工作顺利地进行。

(3)平行沟通。工作过程中,团队成员遇到疑难问题或需要他人协助时,成员之间应采取合适的方式进行沟通,同时把沟通情况反馈给轮机长。

4. 良好的领导力和科学的决断力

轮机长(员)的领导力和决断力是领导者应当具备的核心素质。领导力不足会造成团队管理混乱、效率低下,严重者,可能还会给团队造成重大损失。

工作过程中,良好的领导力和科学的决断力主要体现在四个方面:

(1)决断力。一是充分了解船舶、机舱以及与工作有关的信息,为科学的决策提供依据。二是轮机长、轮机员要善于吸收团队经验,虚心听取大家的意见,在吸纳集体智慧的基础上做出决策。三是对工作的一些关键操作具备预见、评估、防范和化解风险的意识与能力。

(2)组织、协调能力。工作既有独立性,又有相互的合作性,在工作中,领导采取一定的措施消除发生的各种分歧,协调相互之间的关系和活动,使工作正常地进行。

(3)控制力。主要体现在三个方面:一是工作过程中,轮机长督促团队成员遵守操作程序和规章制度。二是根据情况,轮机长要不断发出各项指令、指导信息以及对执行情况进行搜集和分析,及时排除影响工作的因素。三是工作中,轮机长能激发和鼓舞团队成员的斗志,发掘、充实和加强他们的动力,自觉地为完成任务而努力。

(4)监督检查。轮机长检查工作的执行情况,把实际情况同既定目标、工作程序进行对比,发现差异,找出原因,采取措施,加以解决。

5. 良好的团队精神

良好的团队精神可以充分发挥集体的潜能。主要体现在三个方面:

(1)团队的凝聚力。工作过程中,每个团队成员都对团队的成绩表现出一种荣誉感,对团队的成功表现出一种骄傲,对团队的失误表现出一种忧虑。

(2)团队的协作意识。工作过程中,每个团队成员彼此信任、互敬互重、遵守承诺,都应留心所发生的任何情况,以便及早发现失误。团队成员间要相互提供支持,要共同按照轮机长的决策和授权办事,成绩共享,责任共担。

(3)团队高昂的士气。团队成员对工作尽心尽力,有很高的工作积极性,自愿为团队和同事付出额外的努力。

6. 充分运用团队经验

轮机部的每一个人员都有很多经验教训,但通常是分散的,不成系统。轮机长、轮机员要在工作中整理、加工和传递自己的经验,形成团队经验。凡是涉及机舱工作的重大问题,轮机长、轮机员必须按民主集中制原则,虚心听取大家的意见,充分吸收团队经验,在吸纳集体智慧的基础上再做出决断、不要盲断，这样才能保证决策的正确性。

7. 合理的团队自评

工作结束后，轮机长、轮机员应从资源分配、人员指派、情境意识、通信和沟通、领导力和决断力等方面做好工作自评。团队领导要有客观评判的能力和勇气，团队成员要主动沟通，客观地分析和评价工作任务，好的地方要鼓励和引导，不好的地方需要严格批评和指正，从而使每个团队成员都有成长的空间，从而不断积累经验以使工作中团队的协调配合不断优化。

子任务1　备车时，轮机长、轮机员之间的协调与配合

一、任务介绍

船舶停靠码头，主机处于完车状态，一台主发电机运转，其他主发电机处于备用状态，接驾驶台通知离港备车。

二、任务分析

船舶离港备车，轮机部团队工作时，重点在于备车工作中轮机长、轮机员之间的协调与配合，主要技能点和知识点包括资源的分配、分派和优先排序，沟通能力，决断力和领导力，情境意识，团队精神，团队经验以及自评等。

三、相关知识

情境一：备车操作

1. 值班驾驶员将开航时间提前通知值班轮机员，如开航时间变更，须及时更正。

2. 轮机长按照工作计划向每个成员布置任务，并得到他们的确认。

(1)大管轮：检查与操作主机辅助系统等。

(2)二管轮：检查并准备柴油发电机系统，检查燃油日用油柜的油位、油温，启动分油机等。

(3)三管轮：检查并启动锅炉，给燃油系统加温等。

3. 按照操作规程，启动备用发电机，保证机动操纵时所需的电量(机动操纵时，一般用两台发电机供电)。

4. 与驾驶台校对船钟和车钟。

5. 主机及各辅助系统准备。

(1)检查废气锅炉水位及其警报是否正常，启动炉水循环泵。

(2)暖机：提前用副机冷却水(或其他热源)暖热主机(天气温度太低时还需要开启机舱暖气，维持机舱温度不致过低)；用蒸汽加热日用柜重油；用蒸汽(或其他热源)暖热主机循环滑油，亦可用滑油分油机暖热机油；检查艉轴油重力柜油位及其警报是否正常(如有艉轴油泵还应启动该油泵)；暖机情况分别由驾驶员、轮机员记入航海日志、轮机日志。

(3)滑油系统的准备：检查循环柜油位是否在正常位置；启动主机滑油泵，检查机油系统压力警报器和温度自动调节器是否处于正常位置；检查废气透平油位是否在正常位置(装有压力和油温警报的装置还要检查它们是否处于正常状态，装有透平油重力柜的系统，要检查油

位是否正常并启动透平油泵);检查气缸油重力柜和气缸油泵油位是否正常,并手动泵气缸油30~50转(装有油位警报和供油警报的系统还要检查是否处于正常状态)。

(4)冷却水系统的准备:启动并检查气缸冷却水泵压力警报和自动调温器是否正常(如活塞冷却为独立系统,还要检查其膨胀柜水位压力警报,自动调温器是否正常并启动活塞水泵);设有独立油头冷却系统的,要检查其膨胀柜液位、压力警报、自动调温器是否正常,启动其冷却泵;检查冷却海水系统各阀是否在正常位置(海水泵可待温度升高后启动)。

(5)燃油系统的准备:检查柴油日用柜油位,放走残水,检查燃油系统各阀是否处于正常位置;启动燃油增压泵,检查系统压力警报是否正常,必要时放掉主机油头的空气;用重油进行机动操纵,主机燃油系统应处于加热、保温的状态,并用增压泵运转、循环加热燃油,使之处于随时可用的状态,操纵前,应确保燃油的黏度和温度符合操纵的要求。

(6)空气系统的准备:检查主启动阀和缸头启动阀是否灵活并加滑油;检查空气压力,放掉空气瓶内的残水并检查其压力警报是否处于正常状态;检查空气压缩机及有关阀门是否正常(机动操纵时,一般用两台空气压缩机供气);打开空气瓶的出口阀和通往主机的空气阀;打开自动控制系统的空气阀,并检查各控制空气压力及其警报是否正常(如用液压控制,即检查其有关阀门启动液压泵,并检查其压力警报是否正常);确保通往汽笛的空气阀已开启。

6. 启动舵机,并与驾驶台校对舵角。

7. 盘车。检查确认轴系和气缸头等部位无故障,各道门已关紧,并打开各缸示功阀。关闭启动空气放气阀,关闭扫气箱放残阀,打开油雾探测器的吸口阀,合上盘车机盘车(最好将主机转两转以上),盘车过程中手摇气缸油注油器50圈,之后放在7的位置,并检查主机和轴系是否灵活。确认主机和轴系灵活后,脱开盘车机,关掉电源,插上止动锁。

8. 冲车和试车(活车):与驾驶台沟通后,值班驾驶员先用电话通知机舱做好主机冲试车准备,然后用车钟指令机舱冲试车;冲试车结束后,值班轮机员核查各项参数并经轮机长确认后,向驾驶台汇报备车完成,并用车钟发出备车完成指令(车钟放置在停车位)。对于采用驾驶台遥控方式的装置,驾驶台试车完毕后,将操纵手柄转至“驾控”位置。将冲试车和备车情况记入航海日志、轮机日志、车钟记录簿。

9. 不安全行为的填写及记录保存。

情境二:冲车和试车操作

1. 冲车

冲车的目的主要是检查和吹走气缸内的杂质、残水和积油,以及检查启动和换向系统的动作是否正常。

(1)检查关闭烟窗残水阀和扫气箱残油阀;

(2)再次检查确认废气透平和缸头处无障碍物,启动空气主启动阀和开启示功阀;

(3)通知驾驶台,请求冲车;

(4)摇车钟“正车”到驾驶台,取得驾驶台的“正车”回令后,用手柄或手轮或按钮进行“正车”操作,派人到气缸头附近观察;

(5)摇车钟“倒车”到驾驶台,得到“倒车”回令后,用手柄或手轮或按钮进行“换向”和“倒车”操作。若无异常,则可关闭示功阀。

2. 试车

试车的目的,是进一步检查启动和换向系统工作的可靠性,以及燃油系统工作是否正常。

(1)检查并调整调速器处于所需位置;

(2)用手柄或手轮或按钮(加燃油)“倒车”试车(因冲车时机器在倒车方向停下,故可直接倒车试车),缓慢转几转后把机器停下;

(3)摇车钟“正车”到驾驶台,得到“正车”回令后,进行“换向”正车,启动运转,缓慢转几转后,把机器停下,并摇车钟“停车”到驾驶台,如果各种情况都正常,则可用电话告知驾驶台主机准备完车;

(4)如果是自动化船,得到上述“停车”回令后,还要把主机操纵系统转向驾驶台,并用电话通知驾驶台,进行“正车”和“倒车”试车;驾驶台试车“正常”后,即可用电话告知驾驶台主机备车完毕,备车完毕后将车钟置于“STOP”位置。

情境三:操舵装置的检查和试验

1. 开航前 2 h 之内对操舵装置进行检查和试验。值班一水和三副在驾驶台,大副(或二副)、值班轮机员、电机员在舵机间。

2. 检查船尾周围有无影响舵叶转动的障碍物。

3. 检查确认舵机间无影响舵机和转舵机构运动的障碍物。

4. 检查确认舵机油位及活动部件、舵柱轴承的润滑情况。

5. 驾驶台操舵,舵机使用主电源,大副(或二副)使用“舵机间—驾驶台”电话,指挥值班一水使用驾驶台主操舵装置进行操舵实验。

6. 分别使用左、右舵机,按照“正舵—右满舵—正舵—左满舵—正舵”顺序操舵。每 5°停顿,核对驾驶台舵角指示器与舵柱上舵角指示器的相符性(指示差:正舵不超过 1°,左右 10°不超过 1.5°,满舵不超过 2.5°);核对驾驶台各舵角指示器是否相符;核对舵机间舵角指示器与舵柱舵角指示是否相符。

7. 分别使用左、右舵机,按照“正舵—左满舵—右满舵—左满舵—正舵”顺序操舵,核对舵自一舷 35°转至另一舷 30°的时间不大于 28 s。

8. 试验舵机动力装置失电报警。

9. 驾驶员和电机员回驾驶台,试验驾驶台操舵装置故障报警。

四、任务实施

1. 操作流程

(1)驾驶台通知机舱值班人员离港备车。

(2)机舱值班人员报告轮机长并通知其他相关人员,轮机长及其他人员进入机舱。

(3)轮机长按照优先顺序进行人员分工及任务分派。

(4)检查并启动备用发电机,运行正常后并电。

(5)与驾驶台沟通,进行对时钟、车钟、对舵操作。

(6)检查主机及各辅助系统,进行盘车。

(7)与驾驶台沟通,进行冲车及试车操作。

(8)通知驾驶台备车完毕并做相关记录。

(9)团队对任务完成情况进行自评。

2. 实施标准

(1)团队领导能按正确的优先顺序分配任务,沟通能力强,具有良好的决断力和领导力,

具有良好的情境意识，充分考虑团队经验。

(2)团队领导能按正确的优先顺序分配任务，沟通能力强，具有良好的决断力和领导力，情境意识一般，团队经验一般。

(3)团队领导能按较正确的优先顺序分配任务，沟通能力较好，决断力和领导力一般，情境意识一般，团队经验一般。

(4)团队领导分配任务一般，沟通能力较差，决断力和领导力一般，情境意识一般，团队经验一般。

(5)团队领导不能按正确的优先顺序分配任务，沟通能力差，没有决断力和领导力，情境意识差，配合差。

五、评价

1. 资源的分配、分派和优先排序

团队领导能按照合理的优先顺序进行资源分配、人员指派，能对任务安排做简要说明并获得团队成员的承诺。

2. 情境意识

对于所做的工作，要有感知、认知、全面了解以及预测等方面的团队情境意识。

3. 沟通能力

团队要做好上行沟通、下行沟通和平行沟通。

4. 决断力和领导力

能体现出科学决策能力、组织协调能力、控制力。

5. 团队精神

能体现出团队的凝聚力、协作意识和高昂的士气。

6. 团队经验

集体讨论，吸收团队经验，做出决断。

7. 团队自评

针对完成的工作，团队能从资源的分配、分派和优先排序，情境意识，沟通能力，决断力和领导力，团队精神等方面进行自评。

子任务2　正常航行时，轮机长、轮机员之间的协调与配合

一、任务介绍

船舶正常航行，值班期间，值班人员对机舱的机电设备进行有效监控，并根据需要对机电设备进行检查、操作和测试。

二、任务分析

船舶正常航行中，轮机部团队值班时，重点在于轮机长、轮机员之间的协调与配合，主要技能点和知识点包括资源的分配、分派和优先排序，沟通能力，决断力和领导力，情境意识，团队

精神,团队经验以及自评等。

三、相关知识

1. 检查周期与检查事项

(1)检查周期

①航行检查周期。接班时一次;值班中每小时一次,轮机员和机工交替进行;电机员每日两次,白天一次,22:00 一次;轮机长每日两次,白天一次,22:00 一次。

②停泊检查周期。值班机工每小时一次,卸油期间还要对货油泵进行检查。值班轮机员每日两次,白天一次,22:00 后就寝前一次。卸油期间还要对货油泵巡视两次。

(2)检查事项

①检查压力、温度、液位、绝缘、电压、电流、频率等仪表参数。

②对运转设备看、摸、听、嗅,细致检查,及时调整和处理。

③发现问题,当班者无能力处理时,必须及时报告当班轮机员或轮机长。

2. 巡回检查路线

(1)航行期间

①废气炉层→②锅炉顶层→③空调机房→④舵机房→⑤冰机房→⑥主机缸头层→⑦机舱底层→⑧集控室。

(2)停泊期间

①锅炉顶层→②空调机房→③冰机房→④泵房(卸油时)→⑤主机缸头层→⑥机舱底层(主机除外)→⑦集控室。

(3)机舱详细的巡回检查路线

登后甲板,检查烟囱排气烟色及火星→到舵机房,检查舵机运转情况→到伙食冷库,检查各冷库温度→进入机舱,检查锅炉水位,检查主、副机膨胀水柜水位,检查艉轴重力油柜油位,检查热水井水位、给水泵情况→到主机缸头层,检查缸盖各仪表(排温、水温),触摸启动空气管温度,倾听缸盖处的声音,检查增压器的声音、油位、油温、出油情况以及增压器前后总管排温→检查燃油沉淀柜、日用柜、轻油日用柜、油位及油温→检查气阀、气缸油柜油位、高压油泵情况及齿条格数→检查分油机运行情况、空气瓶压力、控制空气压力以及主机扫气箱温度→测量副机油底壳油位,检查运行中的副机各参数,触摸各缸曲拐箱道门温度,检查发电机运行情况,触摸发电机外壳及两端轴承温度→到机舱底层,检查主机淡水泵、海水泵运转情况和主机各缸活塞冷却油回油温度,倾听主机运转声音,检查中间轴承、推力轴承、艉轴承油位及油温,测量主机循环柜油位、污水井水位,检查主机滑油泵、副海水泵→回集控室,检查控制台各仪表、参数、指示灯,检查配电板发电机各参数、运行中的电机电流,检查绝缘情况→核对轮机日志各种记录、轮机长交代事项及黑板上的注意事项。

四、任务实施

1. 操作流程

(1)轮机值班开始时,应当对当时所有的机器工作情况、工况参数加以验证、分析,并保持在正常范围值。

(2)值班期间,定期巡回检查机舱和舵机室,以便及时发现机器的故障和损坏情况,并执行其他一切需要的任务。

(3)对任何运转失常的、预料将发生的故障进行处理,并详细记录已经采取的措施。

(4)迅速执行驾驶台的所有命令,对主推进装置的变向和变速应做记录。当人工操作时,保证主推进装置的操纵台前不间断地有人值守,并处于准备和操作状态。

(5)在进行一切预防性保养、损害控制或维修工作时,值班人员要与负责维修工作的轮机员合作,对于属于值班责任内的拟处理的所有机器,将其隔离、旁通和调整,并记录。

(6)值班人员应采取必要的措施,以对付由于设备损坏、失火、进水、破裂、碰撞、搁浅和其他原因所引起的损害的影响。

(7)出现紧急情况时,值班人员应立即通知轮机长。

(8)将影响船上机械运转、调节或修理的所有重要事项完整地记录下来。

(9)对本次任务实施情况进行自评。

2. 实施标准

(1)团队领导能按正确的优先顺序分配任务,沟通能力强,具有良好的决断力和领导力,具有良好的情境意识,充分考虑团队经验。

(2)团队领导能按正确的优先顺序分配任务,沟通能力强,具有良好的决断力和领导力,情境意识一般,团队经验一般。

(3)团队领导能按较正确的优先顺序分配任务,沟通能力较好,决断力和领导力一般,情境意识一般,团队经验一般。

(4)团队领导分配任务一般,沟通能力较差,决断力和领导力一般,情境意识一般,团队经验一般。

(5)团队领导不能按正确的优先顺序分配任务,沟通能力差,没有决断力和领导力,情境意识差,配合差。

五、评价

1. 资源的分配、分派和优先排序

团队领导能按照合理的优先顺序进行资源分配、人员指派,能对任务安排做简要说明并获得团队成员的承诺。

2. 情境意识

对于所做的工作,要有感知、认知、全面了解以及预测等方面的团队情境意识。

3. 沟通能力

团队要做好上行沟通、下行沟通和平行沟通。

4. 决断力和领导力

能体现出科学决策能力、组织协调能力、控制力。

5. 团队精神

能体现出团队的凝聚力、协作意识和高昂的士气。

6. 团队经验

集体讨论,吸收团队经验,做出决断。

7. 团队自评

针对完成的工作,团队能从资源的分配、分派和优先排序,情境意识,沟通能力,决断力和领导力,团队精神等方面进行自评。

子任务3 机动航行时,轮机长、轮机员之间的协调与配合

一、任务介绍

船舶初始处于正常航行状态,一台主发电机在网运行。接到驾驶台通知,船舶马上进入复杂航区,要求机舱备车、机动航行。

二、任务分析

船舶机动航行时,轮机部团队工作重点在于轮机长、轮机员之间的协调与配合,主要技能点和知识点包括资源的分配、分派和优先排序,沟通能力,决断力和领导力,情境意识,团队精神,团队经验以及自评等。

三、相关知识

1. 机动航行

在下列情况下,船舶应机动航行:能见度不良,进出港,通航密集区,复杂航区,狭水道,岛礁区域。

2. 机动航行时应采取的安全措施

(1)对主机进行试车,确保机动用车。

(2)增开一台发电机,并电运行,可防止发电机超负荷,减少停电可能性。

(3)主机换用轻油,提高柴油机的机动性能。

(4)加强对空气压缩机、空气瓶的管理,保证启动用气和汽笛用气。

(5)加强对废气锅炉的管理,使锅炉在废气或燃油燃烧下保持一定的蒸汽压力。

(6)注意主机应急鼓风机的工作情况,保证柴油机的低负荷运转。

(7)注意柴油机冷却水和滑油的温度与压力的调整。

(8)轮机长应在机舱指导和监督值班人员操作。

(9)加强值班,集控室保持有人值班,保持主机、发电机、锅炉及空压机的正常使用状态。

(10)换用高位海底门,防止浅水航道的泥沙被吸入。

(11)保持船内通信畅通,随时听从驾驶台的命令。

四、任务实施

1. 操作流程

(1)接驾驶台通知,船舶马上进入复杂航区,要求机舱备车、机动航行。

(2)值班人员通知轮机长及其他相关人员进入机舱,并记录相关事项。

(3)轮机长根据团队的情境意识,按照优先顺序进行合理的人员分工及任务分派。

(4)团队成员按照分工进行机动航行的相关操作、检查并及时相互沟通。

(5)轮机长组织、协调机舱的备车工作并在机舱指导和监督团队成员的操作。

(6)轮机长就机舱备车的情况做出决定,车备妥后通知驾驶台并做记录。

(7)对任务的完成情况进行自评。

2. 实施标准

(1)团队领导能按正确的优先顺序分配任务,沟通能力强,具有良好的决断力和领导力,具有良好的情境意识,充分考虑团队经验。

(2)团队领导能按正确的优先顺序分配任务,沟通能力强,具有良好的决断力和领导力,情境意识一般,团队经验一般。

(3)团队领导能按较正确的优先顺序分配任务,沟通能力较好,决断力和领导力一般,情境意识一般,团队经验一般。

(4)团队领导分配任务一般,沟通能力较差,决断力和领导力一般,情境意识一般,团队经验一般。

(5)团队领导不能按正确的优先顺序分配任务,沟通能力差,没有决断力和领导力,情境意识差,配合差。

五、评价

1. 资源的分配、分派和优先排序

团队领导能按照合理的优先顺序进行资源分配、人员指派,能对任务安排做简要说明并获得团队成员的承诺。

2. 情境意识

对于所做的工作,要有感知、认知、全面了解以及预测等方面的团队情境意识。

3. 沟通能力

团队要做好上行沟通、下行沟通和平行沟通。

4. 决断力和领导力

能体现出科学决策能力、组织协调能力、控制力。

5. 团队精神

能体现出团队的凝聚力、协作意识和高昂的士气。

6. 团队经验

集体讨论,吸收团队经验,做出决断。

7. 团队自评

针对完成的工作,团队能从资源的分配、分派和优先排序,情境意识,沟通能力,决断力和领导力,团队精神等方面进行自评。

子任务 4　雾中航行时,轮机长、轮机员之间的协调与配合

一、任务介绍

船舶初始处于正常航行状态,一台主发电机在网运行。接到驾驶台通知,船舶遇到大雾,

要求机舱备车航行。

二、任务分析

船舶雾中航行时,轮机部团队工作重点在于轮机长、轮机员之间的协调与配合,主要技能点和知识点包括资源的分配、分派和优先排序,沟通能力,决断力和领导力,情境意识,团队精神,团队经验以及自评等。

三、相关知识

1. 雾中航行

雾中航行,是能见度不良情况下航行的一种习惯叫法。根据国际雾级的规定,凡能见距离在4 000 m以下者,称为能见度不良,包括因雾、降雨、下雪、霾等使能见度受到限制的情况在内。

2. 雾中航行注意事项

(1)船舶在雾中航行,均应按规定施放雾号和采取安全航速。

(2)变自动操舵为人工操舵,机舱备车航行。

(3)增开一台发电机,并电运行,可防止发电机超负荷,减少停电可能性。

(4)主机换用轻油,提高柴油机的机动性能。

(5)轮机长应在机舱指导和监督值班人员操作,提醒相关轮机员检查保证雾航的设备(如汽笛、照明等)。

(6)不论船速多少,当值轮机员应当使锅炉保持全部汽压,以便在紧急情况下,能全速倒车。

(7)注意主机应急鼓风机的工作情况,保证柴油机的低负荷运转。

(8)注意柴油机冷却水和滑油的温度与压力的调整。

(9)加强值班,集控室保持有人值班,保持主机、发电机、锅炉及空压机的正常使用状态。

(10)换用高位海底门,防止浅水航道的泥沙被吸入。

(11)保持船内通信畅通,随时听从驾驶台的命令。

(12)值班人员应在轮机日志上记载雾航起止时间及采取的雾航措施。

四、任务实施

1. 操作流程

(1)接到驾驶台通知,船舶遇到大雾,要求机舱备车航行。

(2)值班人员通知轮机长及其他相关人员进入机舱,并记录相关事项。

(3)轮机长根据团队的情境意识,按照优先顺序进行合理的人员分工及任务分派。

(4)团队成员按照分工进行雾中航行的相关操作、检查并及时相互沟通。

(5)轮机长组织、协调机舱的备车工作并在机舱指导和监督团队成员的操作。

(6)轮机长就机舱备车的情况做出决定,车备妥后通知驾驶台并做记录。

(7)对任务的完成情况进行自评。

2. 实施标准

(1)团队领导能按正确的优先顺序分配任务,沟通能力强,具有良好的决断力和领导力,

具有良好的情境意识，充分考虑团队经验。

(2)团队领导能按正确的优先顺序分配任务，沟通能力强，具有良好的决断力和领导力，情境意识一般，团队经验一般。

(3)团队领导能按较正确的优先顺序分配任务，沟通能力较好，决断力和领导力一般，情境意识一般，团队经验一般。

(4)团队领导分配任务一般，沟通能力较差，决断力和领导力一般，情境意识一般，团队经验一般。

(5)团队领导不能按正确的优先顺序分配任务，沟通能力差，没有决断力和领导力，情境意识差，配合差。

五、评价

1. 资源的分配、分派和优先排序

团队领导能按照合理的优先顺序进行资源分配、人员指派，能对任务安排做简要说明并获得团队成员的承诺。

2. 情境意识

对于所做的工作，要有感知、认知、全面了解以及预测等方面的团队情境意识。

3. 沟通能力

团队要做好上行沟通、下行沟通和平行沟通。

4. 决断力和领导力

能体现出科学决策能力、组织协调能力、控制力。

5. 团队精神

能体现出团队的凝聚力、协作意识和高昂的士气。

6. 团队经验

集体讨论，吸收团队经验，做出决断。

7. 团队自评

针对完成的工作，团队能从资源的分配、分派和优先排序，情境意识，沟通能力，决断力和领导力，团队精神等方面进行自评。

子任务5 锚泊时，轮机长、轮机员之间的协调与配合

一、任务介绍

船舶两台主发电机并车运行，接到驾驶台通知，船舶准备锚泊。

二、任务分析

船舶锚泊时，轮机部团队工作重点在于轮机长、轮机员之间的协调与配合，主要技能点和知识点包括资源的分配、分派和优先排序，沟通能力，决断力和领导力，情境意识，团队精神，团队经验以及自评等。

三、相关知识

1. 锚泊时，机舱操作：

(1)短时间停车等候“引水”或“联检”。关闭启动空气；关闭燃油增压泵（用重油操纵的主机系统，不应停增压泵，还要保持进机燃油温度在规定范围）；关闭海水泵、关闭油头冷却泵（如果有的话）；关闭缸套水泵和活塞冷却泵，并用副机冷却水或其他热源暖缸（热机）。

(2)较长时间完车（即近期不用车）。需按“完全”完车的要求，做好下列工作：关闭启动空气；关闭控制空气或关闭液压控制系统；关闭海水泵、油头冷却泵、炉水循环泵和艉轴油泵；关闭燃油增压泵（用重油操纵的主机系统，不关闭增压泵还要保持进机燃油温度在规定范围）；打开各缸示功阀和扫气箱残油阀；关闭气缸水泵和活塞冷却泵，并用副机冷却水或其他热源保暖主机（暖缸）；关闭一台空气压缩机；当主机循环系统机油温度降低至45℃左右时，关闭主机油泵；根据具体情况，按操作规程关闭一台发电机；完车注意辅锅炉的启动。

2. 当船舶在开敞的港外锚地或其他任何实际上是“在海上”的情况下，值班轮机员应保证：

(1)保持有效的值班。

(2)定时检查所有正在运转和处于准备状态的机器。

(3)按驾驶台命令使主、辅机保持准备状态。

(4)遵守适用的防污染规则，采取措施，防止污染海洋环境。

(5)所有损害控制和消防系统处于备用状态。

3. 在港内系泊时，值班轮机员应特别注意：

(1)遵守其在值班范围内的一切命令，防范有关危险情况的特殊操作程序和规定。

(2)仪表和控制系统，对运行中的所有机械设备及系统的监测。

(3)为防止违反水上安全监督机关有关防污染规定所必须采取的技术、方法和处理程序。

(4)污水沟的情况。

四、任务实施

1. 操作流程

(1)接到驾驶台通知，船舶准备锚泊，要求机舱备车航行。

(2)值班人员通知轮机长及其他相关人员进入机舱，并记录相关事项。

(3)轮机长根据团队的情境意识以及是否长时间停车，进行合理的人员分工及任务分派。

(4)团队成员按照分工进行锚泊的相关操作、检查并及时相互沟通。

(5)轮机长组织、协调机舱的锚泊工作并在机舱指导和监督团队成员的操作。

(6)轮机长与船长沟通后，就是否按航行值班做出决定，并通知机舱人员。

(7)对任务的完成情况进行自评。

2. 实施标准

(1)团队领导能按正确的优先顺序分配任务，沟通能力强，具有良好的决断力和领导力，具有良好的情境意识，充分考虑团队经验。

(2)团队领导能按正确的优先顺序分配任务，沟通能力强，具有良好的决断力和领导力，情境意识一般，团队经验一般。

(3)团队领导能按较正确的优先顺序分配任务，沟通能力较好，决断力和领导力一般，情境意识一般，团队经验一般。

(4)团队领导分配任务一般，沟通能力较差，决断力和领导力一般，情境意识一般，团队经验一般。

(5)团队领导不能按正确的优先顺序分配任务，沟通能力差，没有决断力和领导力，情境意识差，配合差。

五、评价

1. 资源的分配、分派和优先排序

团队领导能按照合理的优先顺序进行资源分配、人员指派，能对任务安排做简要说明并获得团队成员的承诺。

2. 情境意识

对于所做的工作，要有感知、认知、全面了解以及预测等方面的团队情境意识。

3. 沟通能力

团队要做好上行沟通、下行沟通和平行沟通。

4. 决断力和领导力

能体现出科学决策能力、组织协调能力、控制力。

5. 团队精神

能体现出团队的凝聚力、协作意识和高昂的士气。

6. 团队经验

集体讨论，吸收团队经验，做出决断。

7. 团队自评

针对完成的工作，团队能从资源的分配、分派和优先排序，情境意识，沟通能力，决断力和领导力，团队精神等方面进行自评。

子任务 6　加装燃油时，轮机长、轮机员之间的协调与配合

一、任务介绍

船舶处于锚泊状态，加油船靠泊本船，进行燃油加装作业。

二、任务分析

船舶在锚地加装燃油，轮机部团队工作重点在于轮机长、轮机员之间的协调与配合，主要技能点和知识点包括资源的分配、分派和优先排序，沟通能力，决断力和领导力，情境意识，团队精神，团队经验以及自评等。

三、相关知识

参见“项目一任务四子任务 1 的相关知识”。

四、任务实施

1. 操作流程

(1)驾驶台通知机舱,加油船已靠泊我船。

(2)机舱值班人员通知轮机长及相关人员。

(3)轮机长按照加油计划进行人员分工与任务分派。

(4)按照轮机长的指令进行操作、检查并及时反馈。

(5)轮机长通知加油船开始加油。

(6)轮机部相关人员做好加油过程中相关工作并及时反馈。

(7)做好加油的收尾工作并做记录。

(8)将加油的相关信息通知驾驶台。

(9)对任务的完成情况进行自评。

2. 实施标准

(1)团队领导能按正确的优先顺序分配任务,沟通能力强,具有良好的决断力和领导力,具有良好的情境意识,充分考虑团队经验。

(2)团队领导能按正确的优先顺序分配任务,沟通能力强,具有良好的决断力和领导力,情境意识一般,团队经验一般。

(3)团队领导能按较正确的优先顺序分配任务,沟通能力较好,决断力和领导力一般,情境意识一般,团队经验一般。

(4)团队领导分配任务一般,沟通能力较差,决断力和领导力一般,情境意识一般,团队经验一般。

(5)团队领导不能按正确的优先顺序分配任务,沟通能力差,没有决断力和领导力,情境意识差,配合差。

五、评价

1. 资源的分配、分派和优先排序

团队领导能按照合理的优先顺序进行资源分配、人员指派,能对任务安排做简要说明并获得团队成员的承诺。

2. 情境意识

对于所做的工作,要有感知、认知、全面了解以及预测等方面的团队情境意识。

3. 沟通能力

团队要做好上行沟通、下行沟通和平行沟通。

4. 决断力和领导力

能体现出科学决策能力、组织协调能力、控制力。

5. 团队精神

能体现出团队的凝聚力、协作意识和高昂的士气。

6. 团队经验

集体讨论,吸收团队经验,做出决断。

7. 团队自评

针对完成的工作，团队能从资源的分配、分派和优先排序，情境意识，沟通能力，决断力和领导力，团队精神等方面进行自评。

子任务 7　靠港时，轮机长、轮机员之间的协调与配合

一、任务介绍

船舶处于锚泊状态，接驾驶台通知，船舶马上靠港。

二、任务分析

船舶靠港作业时，轮机部团队工作重点在于轮机长、轮机员之间的协调与配合，主要技能点和知识点包括资源的分配、分派和优先排序，沟通能力，决断力和领导力，情境意识，团队精神，团队经验以及自评等。

三、相关知识

参见“项目三任务二子任务 1 的备车时的相关知识”。

四、任务实施

1. 操作流程

(1)接驾驶台通知，船舶准备靠港，要求机舱备车航行。

(2)值班人员通知轮机长及其他相关人员进入机舱，并记录相关事项。

(3)轮机长根据团队的情境意识，进行合理的人员分工及任务分派。

(4)团队成员按照分工进行靠港作业的相关操作、检查并及时相互沟通。

(5)轮机长组织、协调机舱的靠港工作并在机舱指导和监督团队成员的操作。

(6)对任务的完成情况进行自评。

2. 实施标准

(1)团队领导能按正确的优先顺序分配任务，沟通能力强，具有良好的决断力和领导力，具有良好的情境意识，充分考虑团队经验。

(2)团队领导能按正确的优先顺序分配任务，沟通能力强，具有良好的决断力和领导力，情境意识一般，团队经验一般。

(3)团队领导能按较正确的优先顺序分配任务，沟通能力较好，决断力和领导力一般，情境意识一般，团队经验一般。

(4)团队领导分配任务一般，沟通能力较差，决断力和领导力一般，情境意识一般，团队经验一般。

(5)团队领导不能按正确的优先顺序分配任务，沟通能力差，没有决断力和领导力，情境意识差，配合差。

五、评价

1. 资源的分配、分派和优先排序

团队领导能按照合理的优先顺序进行资源分配、人员指派,能对任务安排做简要说明并获得团队成员的承诺。

2. 情境意识

对于所做的工作,要有感知、认知、全面了解以及预测等方面的团队情境意识。

3. 沟通能力

团队要做好上行沟通、下行沟通和平行沟通。

4. 决断力和领导力

能体现出科学决策能力、组织协调能力、控制力。

5. 团队精神

能体现出团队的凝聚力、协作意识和高昂的士气。

6. 团队经验

集体讨论,吸收团队经验,做出决断。

7. 团队自评

针对完成的工作,团队能从资源的分配、分派和优先排序,情境意识,沟通能力,决断力和领导力,团队精神等方面进行自评。

子任务8　完车时,轮机长、轮机员之间的协调与配合

一、任务介绍

船舶靠港完毕,驾驶台通知机舱完车,轮机部按程序完成相关工作。

二、任务分析

机舱完车作业时,轮机部团队工作重点在于轮机长、轮机员之间的协调与配合,主要技能点和知识点包括资源的分配、分派和优先排序,沟通能力,决断力和领导力,情境意识,团队精神,团队经验以及自评等。

三、相关知识

完车操作:

1. 将车钟置于完车位置,检查并确认主机燃油操纵杆已在停车位置。

2. 关掉启动空气系统、空气阀、主启动系统供气阀及管路中间截止阀(锁定主启动阀,关闭操纵系统空气及泄放管内残气)。

3. 停燃油系统低压燃油输送泵。

4. 合上盘车机,检查各缸示功阀是否全开,盘车 10~15 min,同时须注油润滑。

5. 将扫气箱、涡轮端排出管等处放残阀全开,放残。

6. 关掉机舱温度、压力报警器及其他不使用的开关。

7. 喷油器(油或水)、活塞(油或水)冷却泵均应继续循环一段时间后停掉。

8. 让主机滑油泵继续循环 20~30 min(根据各船主机管理的规定)后停掉。

9. 如果停用时间很久,待主机温度全部降下来后,放掉其内部的冷却水和润滑油,做临时油封。

10. 如果需要用发电柴油机的缸套冷却水对主机暖缸,应趁水温未降之前停掉主机淡水泵,打开主、副机上的暖缸连通阀进行暖缸保温工作。

11. 检查电站负荷,视情况将并联运行的发电机进行负荷转移、解列、停车。

12. 做好轮机日志记录,并确认其主机和机舱情况正常,无遗漏或不安全事项存在。

四、任务实施

1. 操作流程

(1)船舶靠港完毕,驾驶台通知机舱完车。

(2)轮机长按照优先顺序进行人员分工及任务分派。

(3)进行主机的相关完车操作并反馈。

(4)发电机转移负荷、解列、停止运转,并反馈。

(5)做相关记录。

(6)对任务完成情况进行自评。

2. 实施标准

(1)团队领导能按正确的优先顺序分配任务,沟通能力强,具有良好的决断力和领导力,具有良好的情境意识,充分考虑团队经验。

(2)团队领导能按正确的优先顺序分配任务,沟通能力强,具有良好的决断力和领导力,情境意识一般,团队经验一般。

(3)团队领导能按较正确的优先顺序分配任务,沟通能力较好,决断力和领导力一般,情境意识一般,团队经验一般。

(4)团队领导分配任务一般,沟通能力较差,决断力和领导力一般,情境意识一般,团队经验一般。

(5)团队领导不能按正确的优先顺序分配任务,沟通能力差,没有决断力和领导力,情境意识差,配合差。

五、评价

1. 资源的分配、分派和优先排序

团队领导能按照合理的优先顺序进行资源分配、人员指派,能对任务安排做简要说明并获得团队成员的承诺。

2. 情境意识

对于所做的工作,要有感知、认知、全面了解以及预测等方面的团队情境意识。

3. 沟通能力

团队要做好上行沟通、下行沟通和平行沟通。

4. 决断力和领导力

能体现出科学决策能力、组织协调能力、控制力。

5. 团队精神

能体现出团队的凝聚力、协作意识和高昂的士气。

6. 团队经验

集体讨论,吸收团队经验,做出决断。

7. 团队自评

针对完成的工作,团队能从资源的分配、分派和优先排序,情境意识,沟通能力,决断力和领导力,团队精神等方面进行自评。

任务三　应急情况下,轮机长、轮机员之间的协调与配合

应急情况下,轮机长、轮机员之间的协调与配合主要从以下几点来考虑:

1. 正确的工作态度和良好的团队情境意识

航行过程中,值班人员必须具有正确的工作态度,以便具有并保持良好的情境意识。对于情境意识,要做到以下几点:①值班人员能正确地感知船舶状态、机舱设备实际状况以及与主机故障有关的信息;②航行期间,对于值班人员的职责以及安全注意事项有充分的认知和全面了解;③对于值班期间可能出现的特定行为进行情境预想,做好必要的戒备和采取适当措施,从容应对值班中出现的特殊情境。

2. 应急情况下的资源分配、人员指派

轮机人员接到通知迅速到达机舱,团队领导(轮机长)组织大家在合适地点(例如集控室)采取"O"形或"U"形的站位,紧急召开应急处理安排会。①值班人员就船舶动态、机舱状态、应急情况、驾驶台指令、已采取的措施、正在进行的工作以及与航行有关的信息等向轮机长简要汇报;②综合以上各种情况,轮机长迅速做出决策,对于应急处理过程中的角色分工、值班人员安排、资源的分配与利用做简要说明并得到团队成员的承诺。

3. 保持良好的通信与沟通

团队成员采取多种有效的手段加强和保持通信与沟通。为了确保准确、有效、严肃、及时地传递信息,团队成员必须熟练掌握船内通信工具和信号装置的使用。

要始终保持良好的沟通,主要包括三个方面:

(1)上行沟通。一方面,值班人员应将应急情况和相关信息及时与驾驶台、轮机长进行沟通;另一方面,当机器设备发生故障不能执行驾驶台命令或发现执行船长命令将引起机电设备损坏时,轮机长应立即与船长进行沟通。

(2)下行沟通。轮机长把驾驶台的指令以及自己的决策、安排以及建议方法清楚无歧义地传达给团队成员,以保证船舶、主机和人身的安全。

(3)平行沟通。应急处理过程中,团队成员之间的沟通主要有:轮机长关于船舶系统和机

器运转的常规命令和特别指示;对所有机器及系统运行的工作状况和参与涉及人员以及潜在的危险;在燃油备用舱、沉淀柜、日用油柜和其他燃油贮存设备中的燃油液位高度和使用状况;各种主、辅机系统(包括配电系统)的操作方式和运行状况;监控设备和手动操作设备的状况;蒸汽锅炉运行以及有关的设备状况和操作方式;由于设备故障或危及船舶安全的情况而采取的特殊操作方式和应急措施;有关分派给机舱普通船员任务的情况。

4. 良好的领导力和科学的决断力

轮机长(员)的领导力和决断力是领导者应当具备的核心素质。领导力不足会造成团队管理混乱、效率低下,严重者,可能还会给团队造成重大损失。

应急处理过程中,要保持良好的领导力和科学的决断力,主要体现在四方面:

(1)决断力。一是充分了解船舶、机舱以及与工作有关的信息,为科学的决策提供依据。二是轮机长、轮机员要善于吸收团队经验,虚心听取大家的意见,在吸纳集体智慧的基础上做出决策。三是对应急情况的一些关键工作具备预见、评估、防范和化解风险的意识与能力。

(2)组织、协调能力。应急处理既有独立性,又有相互的合作性,轮机长应采取一定的措施消除分歧,协调相互之间的关系和活动,使机舱各机械设备安全有效地运行。

(3)控制力。主要体现在三方面:一是应急处理过程中,轮机长督促团队成员遵守操作程序和规章制度。二是根据情况,轮机长要不断发出各项指令、指导信息以及对其执行情况反馈信息进行搜集和分析,及时排除影响船舶、主机和人身安全的因素。三是应急处理过程中,轮机长要激发和鼓舞值班人员的积极性,发掘、充实和加强他们的动力,自觉地为完成工作而努力。

(4)监督检查。轮机长应检查应急处理的执行情况,把实际情况同处理结果进行对比,发现差异,找出原因,采取措施,加以解决。

5. 良好的团队精神

良好的团队精神可以充分发挥集体的潜能。主要体现在三个方面:

(1)团队的凝聚力。应急处理过程中,团队成员之间都对团队的成绩表现出一种荣誉感,对团队的成功表现出一种骄傲,对团队的失误表现出一种忧虑。

(2)团队的协作意识。应急处理过程中,团队成员之间彼此信任、互敬互重、遵守承诺,都应留心所发生的任何情况,以便及早发现失误。团队成员间要相互提供支持,要共同按照值班职责办事,成绩共享,责任共担。

(3)团队高昂的士气。团队成员对应急处理工作尽心尽力,有很高的工作积极性,自愿为团队和同事付出额外的努力。

6. 充分运用团队经验

轮机部的每一个人员都有很多经验教训,但通常是分散的,不成系统。轮机长、轮机员要在工作中整理、加工和传递自己的经验,形成团队经验。凡是涉及机舱工作的重大问题,轮机长、轮机员必须按民主集中制原则,虚心听取大家的意见,充分吸收团队经验,在吸纳集体智慧的基础上再做出决断、不要盲断,这样才能保证决策的正确性。

7. 合理的团队自评

本任务结束后,轮机长、轮机员应从情境意识、资源分配、人员指派、通信和沟通、领导力和决断力等方面做好应急处理工作的自评。团队领导要有客观评判的能力和勇气,团队成员要主动沟通,客观地分析和评价工作任务,好的地方要鼓励和引导,不好的地方要严格批评和指正,从而使每个团队成员都有成长的空间,从而不断积累经验,使应急处理工作和团队的协调配合不断优化。

子任务 1　主机故障时,轮机长、轮机员之间的协调与配合

一、任务介绍

船舶航行过程中,主机发生故障,轮机部人员根据船舶实际情况进行应急处理,保证船舶、主机和人身的安全。

二、任务分析

主机发生故障,轮机部团队应急处理时,重点在于轮机长、轮机员之间的协调与配合,主要技能点和知识点包括资源的分配、分派和优先排序,沟通能力,决断力和领导力,情境意识,团队精神,团队经验以及自评等。

三、相关知识

主机发生突然故障时,要采取正确的操作和安全措施,以保证船舶、主机和人身的安全。

1. 当机械设备发生故障不能执行驾驶台命令时,轮机长应立即通知驾驶员报告船长,并将故障情况记载于轮机日志。如需停车,应先征得船长同意,但是发生人身事故以及重要机件损坏等严重威胁主机安全的危急情况时,轮机长可先停车,然后报告船长。

2. 在接到船长命令时,如发现执行该项命令将引起机电设备损坏,轮机长应将可能引起的后果告知船长,然后按照船长经过考虑后的指示操作。轮机长应将上述情况详细记入轮机日志,船长也应将经过情况记入航海日志。

3. 在柴油机运转中,下列情况应立即停车:

(1)柴油机运转已危及人身安全时。

(2)滑油、燃油管系破裂,造成严重污染并危及柴油机安全或可能引发火情时。

(3)曲轴箱、扫气箱爆炸时。

(4)确认柴油机运转将引起重大事故时。

4. 主机停车后应合上盘车机进行盘车,冷却与滑油系统继续运转进行冷却。

5. 主机停车 15 min,待曲轴箱温度下降后,方可小心地打开曲轴箱道门,认真进行检查。

四、任务实施

1. 操作流程

(1)机舱值班人员在值班过程中,发现主机发生故障。

(2)值班人员通知轮机长及其他相关人员进入机舱,并记录相关事项。

(3)轮机长根据团队的情境意识,按照优先顺序进行合理的人员分工及任务分派。

(4)团队成员按照分工进行主机故障处理的相关操作、检查并及时相互沟通。

(5)轮机长组织、协调机舱的主机故障处理工作并在机舱指导和监督团队成员的操作。

(6)轮机长就主机故障应急处理情况做出决定,通知驾驶台并做记录。

(7)对任务的完成情况进行自评。

2. 实施标准

(1)团队领导能按正确的优先顺序分配任务,沟通能力强,具有良好的决断力和领导力,具有良好的情境意识,充分考虑团队经验。

(2)团队领导能按正确的优先顺序分配任务,沟通能力强,具有良好的决断力和领导力,情境意识一般,团队经验一般。

(3)团队领导能按较正确的优先顺序分配任务,沟通能力较好,决断力和领导力一般,情境意识一般,团队经验一般。

(4)团队领导分配任务一般,沟通能力较差,决断力和领导力一般,情境意识一般,团队经验一般。

(5)团队领导不能按正确的优先顺序分配任务,沟通能力差,没有决断力和领导力,情境意识差,配合差。

五、评价

1. 资源的分配、分派和优先排序

团队领导能按照合理的优先顺序进行资源分配、人员指派,能对任务安排做简要说明并获得团队成员的承诺。

2. 情境意识

对于所做的工作,要有感知、认知、全面了解以及预测等方面的团队情境意识。

3. 沟通能力

团队要做好上行沟通、下行沟通和平行沟通。

4. 决断力和领导力

能体现出科学决策能力、组织协调能力、控制力。

5. 团队精神

能体现出团队的凝聚力、协作意识和高昂的士气。

6. 团队经验

集体讨论,吸收团队经验,做出决断。

7. 团队自评

针对完成的工作,团队能从资源的分配、分派和优先排序,情境意识,沟通能力,决断力和领导力,团队精神等方面进行自评。

子任务2　舵机失灵时,轮机长、轮机员之间的协调与配合

一、任务介绍

船舶航行过程中,舵机失灵,轮机部人员根据船舶实际情况进行应急处理,保证船舶、主机和人身的安全。

二、任务分析

舵机失灵,轮机部团队应急处理时,重点在于轮机长、轮机员之间的协调与配合,主要技能点和知识点包括资源的分配、分派和优先排序,沟通能力,决断力和领导力,情境意识,团队精神,团队经验以及自评等。

三、相关知识

1. 舵机应急操作设备和布置的要求

(1)凡入级的每艘船舶都须备有两套独立的操舵装置,一套为主操舵装置,另一套为辅助操舵装置。应满足当它们中的一套失效时应不致引起另一套失效。

(2)主操舵装置应具有足够的强度和能力,足以在最深航海吃水和最大营运航速前进时,使舵自一舷的 35°转至另一舷的 35°。其转舵速度,当自一舷的 35°转至另一舷的 30°时,对于海船应不超过 28 s,对于长江水系急流航段的机动船舶为 12 s,其他区段为 20 s。在特定的内河航道和航区中,舵的转角应能从一舷 45°到另一舷 45°,其转舵时间不超过 20 s。当船舶在最大倒航速度(一般取最大航速的一半)时,舵机应不致损坏。

(3)辅操舵装置应具有足够的强度和能力,足以在船舶处于最深航海吃水和以最大营运航速的一半但不低于 7 kn 前进时,使舵在 60 s 内自一舷 15°转至另一舷 15°。

(4)主操舵装置具有两台或几台相同的动力设备时,应设置两个均能在驾驶室控制的独立控制系统。主操舵装置应在驾驶室和舵机室两处都设有控制器。辅助操舵装置与主操舵装置独立,应能在舵机室进行控制,也能在驾驶室进行控制。如果控制系统由液压遥控传动装置组成,则除了 50 000 总吨及其以上的油船、化学品船或气体运输船外,不必设置第二套独立控制系统。

(5)由一台或几台动力设备组成的电动或电动液压操舵装置至少应由主配电板设立两路独立馈电线直接供电,其中的一路可由应急配电板供电。电动或电动液压辅助操舵装置的供电应有足够的容量,使之能同时向与它连接且可能需要同时工作的所有电机供电。

2. 舵机应急操作

(1)突然发生全船失电故障不能立即恢复供电时必须做到的事项:

①值班轮机员应立即向值班驾驶员、轮机长报告并采取相应的紧急措施停车,尽快恢复供电。

②轮机长、大管轮及全体轮机员迅速进入机舱,立即启动应急发电机由应急配电板向舵机、导航设备供电。

③启动舵机油泵电机并由驾驶室操纵舵机。

④有专人值守应急发电机及应急配电板,注意观察应急发电机燃油、曲轴箱滑油、冷却水箱水位,根据耗量及时补充应急发电机燃油。

⑤有专人值守舵机室,防止意外事故发生或按船长命令准备好应急操舵。

⑥尽快恢复正常供电,切除应急发电机,待故障排除后将详细经过记入轮机日志。

(2)船舶航行中必须使用应急操舵设备操舵时的操作程序。船舶无论在何种航行条件下,只要发生驾驶室不能有效地通过主、辅操舵装置操纵舵机的紧急情况,轮机部就应立即做到:

①值班轮机员接到驾驶台的通知后，立即报告轮机长并按驾驶室的指令操纵主机；

②轮机长、大管轮立即进入舵机室现场指挥；

③迅速启动手动应急操舵装置，按照船长的指令操舵；

④克服舵机室噪声大等不利条件，听清舵令、回复舵令，确保操舵的准确性；

⑤在舵机应急操纵过程中，值班轮机员不能远离操纵台，按车令操纵主机，执行船长和轮机长的命令；

⑥加强轮机值班，指导值班水手能独立操作应急操舵装置，尽全力抢修驾驶室主、辅操舵装置；

⑦向公司汇报驾驶室主、辅操舵装置失灵的经过，不能修复的原因及所采取的应急措施，并请求驶向最近海岸有能力修复主、辅操舵装置的有关港口进行修复；

⑧轮机长做详细的事故报告：发生故障的时间、海况、地点、原因、抢修经过和采取的措施及可能需要的支援。

四、任务实施

1. 操作流程

(1)驾驶台通知机舱，舵机操作失灵。

(2)值班人员通知轮机长及其他相关人员进入机舱，并记录相关事项。

(3)轮机长根据团队的情境意识，按照优先顺序进行合理的人员分工及任务分派。

(4)团队成员按照分工进行舵机失灵时的应急操作、检查并及时相互沟通。

(5)轮机长组织、协调舵机的应急处理工作并在机舱指导和监督团队成员的操作。

(6)轮机长就舵机失灵应急处理情况做出决定，通知驾驶台并做记录。

(7)对任务的完成情况进行自评。

2. 实施标准

(1)团队领导能按正确的优先顺序分配任务，沟通能力强，具有良好的决断力和领导力，具有良好的情境意识，充分考虑团队经验。

(2)团队领导能按正确的优先顺序分配任务，沟通能力强，具有良好的决断力和领导力，情境意识一般，团队经验一般。

(3)团队领导能按较正确的优先顺序分配任务，沟通能力较好，决断力和领导力一般，情境意识一般，团队经验一般。

(4)团队领导分配任务一般，沟通能力较差，决断力和领导力一般，情境意识一般，团队经验一般。

(5)团队领导不能按正确的优先顺序分配任务，沟通能力差，没有决断力和领导力，情境意识差，配合差。

五、评价

1. 资源的分配、分派和优先排序

团队领导能按照合理的优先顺序进行资源分配、人员指派，能对任务安排做简要说明并获得团队成员的承诺。

2. 情境意识

对于所做的工作,要有感知、认知、全面了解以及预测等方面的团队情境意识。

3. 沟通能力

团队要做好上行沟通、下行沟通和平行沟通。

4. 决断力和领导力

能体现出科学决策能力、组织协调能力、控制力。

5. 团队精神

能体现出团队的凝聚力、协作意识和高昂的士气。

6. 团队经验

集体讨论,吸收团队经验,做出决断。

7. 团队自评

针对完成的工作,团队能从资源的分配、分派和优先排序,情境意识,沟通能力,决断力和领导力,团队精神等方面进行自评。

子任务3　全船失电时,轮机长、轮机员之间的协调与配合

一、任务介绍

船舶正常航行,全船突然失电,轮机部人员根据船舶实际情况进行应急处理,保证船舶、主机和人身的安全。

二、任务分析

全船失电,轮机部团队应急处理时,重点在于轮机长、轮机员之间的协调与配合,主要技能点和知识点包括资源的分配、分派和优先排序,沟通能力,决断力和领导力,情境意识,团队精神,团队经验以及自评等。

三、相关知识

1. 全船失电的主要原因

发电机跳闸造成全船突然失电的原因十分复杂,一般有下列几种原因:

(1)电站本身故障,如空气开关故障、相复励变压器故障等;

(2)发生大电流、过负荷,如大功率泵的启动或发生了电气短路现象;

(3)大功率电动辅机故障或启动控制箱的延时发生变化;

(4)发电机及其原动机本身的故障,如调速器故障和滑油低压、冷却水低压、燃油供油中断等;

(5)操作失误。

2. 全船失电时的应急措施

如果属于超负荷跳电,跳电后发电机仍在空负荷下运转,则应切除非重要负载,如通风机、空调、冰机、厨房和部分照明设备等,然后再次合闸供电。若一次合闸再跳电,应立即检查故障

所在,不应再次合闸。

在全船失电情况下要注意确保舵机、助航设备、消防设备供电。

恢复供电后逐台启动有关电动泵以利于发现故障。

根据船舶航行状态不同应采取不同措施,以避免因失电而产生其他重大事故。

(1)船舶在海上航行,突然失电时应首先停止主机并立即报告驾驶台。然后迅速启动备用发电机组,尽快恢复供电。如果情况特殊急需用车避让,只要主机有可能短期运转则应执行驾驶台命令。如备用发电机组也不能启动,应急发电机应自动启动,并首先给导航设备和舵机供电。在恢复正常供电后,再启动为主机服务的各电动泵,然后再启动主机。

(2)船舶在狭窄水道或进出港航行中突然失电时,应迅速启动备用发电机组尽快恢复供电,同时立即通知驾驶台并停止主机运转。在应急处理过程中必须有人坚守主机操纵台,随时与驾驶台联系。如情况危急船长必须用车避碰时,可按车令强制主机运行而暂不考虑主机后果。

(3)船舶在系泊或锚泊状态发生失电时,应先启动备用发电机组。恢复正常供电后,先供电起货机,再分析检查故障原因并予以排除。

3. 防止船舶失电的安全措施

(1)做好配电板、控制箱等的维护保养工作。

(2)做好各电机及其拖动设备的维护保养工作,及时修理与更换有关部件。

(3)做好发电机及其原动机的维护保养工作。

(4)在狭窄水道、进出港航行时,增开一台发电机并联运行以确保安全。

(5)在装卸货物期间,如增加开工头数,值班驾驶员应提前通知机舱。

(6)在狭窄水道、进出港等机动航行时,应尽量避免配电板操作或同时使用几种大功率设备。

四、任务实施

1. 操作流程

(1)发生全船失电后,值班轮机员应立即通知值班驾驶员。

(2)值班人员通知轮机长及其他相关人员进入机舱,并记录相关事项。

(3)轮机长根据团队的情境意识,按照优先顺序进行合理的人员分工及任务分派。

(4)团队成员按照分工进行全船失电时的应急操作、检查并及时相互沟通。

(5)轮机长组织、协调全船失电的应急处理工作并在机舱指导和监督团队成员的操作。

(6)恢复供电后,按照驾驶台指令操纵主机。

(7)条件允许后,检查发电机故障原因并排除。

(8)做好相关记录。

(9)对任务的完成情况进行自评。

2. 实施标准

(1)团队领导能按正确的优先顺序分配任务,沟通能力强,具有良好的决断力和领导力,具有良好的情境意识,充分考虑团队经验。

(2)团队领导能按正确的优先顺序分配任务,沟通能力强,具有良好的决断力和领导力,

情境意识一般,团队经验一般。

(3)团队领导能按较正确的优先顺序分配任务,沟通能力较好,决断力和领导力一般,情境意识一般,团队经验一般。

(4)团队领导分配任务一般,沟通能力较差,决断力和领导力一般,情境意识一般,团队经验一般。

(5)团队领导不能按正确的优先顺序分配任务,沟通能力差,没有决断力和领导力,情境意识差,配合差。

五、评价

1. 资源的分配、分派和优先排序

团队领导能按照合理的优先顺序进行资源分配、人员指派,能对任务安排做简要说明并获得团队成员的承诺。

2. 情境意识

对于所做的工作,要有感知、认知、全面了解以及预测等方面的团队情境意识。

3. 沟通能力

团队要做好上行沟通、下行沟通和平行沟通。

4. 决断力和领导力

能体现出科学决策能力、组织协调能力、控制力。

5. 团队精神

能体现出团队的凝聚力、协作意识和高昂的士气。

6. 团队经验

集体讨论,吸收团队经验,做出决断。

7. 团队自评

针对完成的工作,团队能从资源的分配、分派和优先排序,情境意识,沟通能力,决断力和领导力,团队精神等方面进行自评。

子任务4　机舱火灾时,轮机长、轮机员之间的协调与配合

一、任务介绍

船舶正常航行期间,机舱突然发生火灾,轮机部人员根据船舶实际情况进行应急处理,保证船舶、主机和人身的安全。

二、任务分析

机舱失火,轮机部团队应急处理时,重点在于轮机长、轮机员之间的协调与配合,主要技能点和知识点包括资源的分配、分派和优先排序,沟通能力,决断力和领导力,情境意识,团队精神,团队经验以及自评等。

三、相关知识

机舱火灾应急操作规程：

1. 发现机舱火情，当值人员应迅速发出火警信号并及时灭火，控制火势蔓延。

2. 轮机部全体人员立即进入应变部署岗位，服从统一指挥。

3. 轮机长迅速进入机舱，做出正确判断，进行现场指挥。

4. 必要时：

(1)切断火场电源或停止发电机运转，启动应急消防泵灭火；

(2)通知船长减速、改变航向或停车；

(3)停止机舱通风机、燃油泵，关闭油柜速闭阀、机舱天窗和风道挡板。

5. 抢救人员三人一组，穿好消防衣，佩戴呼吸器，做好支援通信联络工作。

6. 确认机舱必须施放二氧化碳灭火，应按有关规定与船长商定后执行。在机舱施放二氧化碳前必须封闭机舱，按响警报通知人员撤离现场，确认无人后，才能进行施放。使用二氧化碳灭火所需要的时间比较长，不可过早地开启机舱。

7. 火灾扑灭后，要查找隐火，严防死灰复燃。救护伤员，机舱通风，清理现场，检查机电设备状况，排除舱底水。

8. 查清火灾成因，起火、灭火准确时间，灭火过程，善后处理，火灾损失情况，需要修理项目，并记入轮机日志。将有关情况电告公司，为海事处理做好必要的准备。

四、任务实施

1. 操作流程

(1)发现机舱火情，机舱值班人员应迅速发出火警信号并及时灭火，控制火势蔓延。

(2)轮机长及轮机部人员立即到达应变部署岗位。

(3)轮机长根据团队的情境意识，按照应变部署顺序进行任务分派。

(4)团队成员按照分工进行机舱失火时的应急处理并及时相互沟通。

(5)轮机长组织、协调机舱的应急处理工作并在机舱指导和监督团队成员的操作。

(6)火灾扑灭后，要查找隐火，严防死灰复燃。

(7)若条件允许，查清火灾成因。

(8)将起火、灭火时间，灭火过程，善后处理，火灾损失情况，需要修理项目，记入轮机日志。

(9)对任务的完成情况进行自评。

2. 实施标准

(1)团队领导能按正确的优先顺序分配任务，沟通能力强，具有良好的决断力和领导力，具有良好的情境意识，充分考虑团队经验。

(2)团队领导能按正确的优先顺序分配任务，沟通能力强，具有良好的决断力和领导力，情境意识一般，团队经验一般。

(3)团队领导能按较正确的优先顺序分配任务，沟通能力较好，决断力和领导力一般，情境意识一般，团队经验一般。

(4)团队领导分配任务一般，沟通能力较差，决断力和领导力一般，情境意识一般，团队经验一般。

(5)团队领导不能按正确的优先顺序分配任务,沟通能力差,没有决断力和领导力,情境意识差,配合差。

五、评价

1. 资源的分配、分派和优先排序

团队领导能按照合理的优先顺序进行资源分配、人员指派,能对任务安排做简要说明并获得团队成员的承诺。

2. 情境意识

对于所做的工作,要有感知、认知、全面了解以及预测等方面的团队情境意识。

3. 沟通能力

团队要做好上行沟通、下行沟通和平行沟通。

4. 决断力和领导力

能体现出科学决策能力、组织协调能力、控制力。

5. 团队精神

能体现出团队的凝聚力、协作意识和高昂的士气。

6. 团队经验

集体讨论,吸收团队经验,做出决断。

7. 团队自评

针对完成的工作,团队能从资源的分配、分派和优先排序,情境意识,沟通能力,决断力和领导力,团队精神等方面进行自评。

子任务5　机舱进水时,轮机长、轮机员之间的协调与配合

一、任务介绍

船舶正常航行期间,机舱突然进水,轮机部人员根据船舶实际情况进行应急处理,保证船舶、主机和人身的安全。

二、任务分析

机舱进水,轮机部团队应急处理时,重点在于轮机长、轮机员之间的协调与配合,主要技能点和知识点包括资源的分配、分派和优先排序,沟通能力,决断力和领导力,情境意识,团队精神,团队经验以及自评等。

三、相关知识

1. 机舱进水时的应急排水措施

(1)一旦发现机舱进水,值班人员应立即发出警报并报告轮机长、驾驶台或船长,同时应迅速采取紧急措施,不得擅离机舱。

(2)轮机长或值班轮机员接到报告后,应立即进入机舱现场检查并按应急部署组织抢救。

(3)轮机长与船长协商后根据需要操纵主机。

(4)尽力保持船舶电站正常供电,必要时启动应急发电机。

(5)根据机舱进水情况使用舱底水系统或应急排水系统。

(6)机舱大量进水时应急吸入阀及其海水泵系的应急操作:

①根据轮机长的命令按照应急吸入阀阀盘所示方向全开吸入阀;

②启动与应急吸入阀相连的应急海水泵向舷外排水。

(7)根据进水部位、进水速率判断排水措施的有效性,进一步采取相应措施或请求外援。

2. 机舱进水时的应急堵漏措施

(1)执行机舱进水时的应急排水措施,同时船长和轮机长立即组织人员摸清破损部位、进水流量,拟定有效的堵漏措施。

(2)风浪天应关好水密门窗及通风口。

(3)艉轴管及其密封装置破损,应酌情关闭轴隧水密门。

(4)海底阀及阀箱、出海阀或应急吸入阀等破损,应关闭相应的阀,并选用有效的堵漏器材封堵。

(5)冷却器、海水滤器或管路等破损,应关闭相应的阀,组织修复或堵漏。

(6)机舱部位破损,按应急部署投入抢险。

3. 机舱的油、水舱柜破损时的应急操作

(1)尽力查明受损部位、受损程度及油水舱柜和相邻舱柜液位的变化。

(2)封堵受损舱柜的测深管口及透气管口,延缓和阻止舷外水继续涌入。

(3)注意舷外水是否出现油污,防止污染区扩大。

(4)做好机舱应急排水工作。

4. 机舱进水事故报告

(1)值班人员立即将现场情况报告轮机长,轮机长立即报告船长。报告内容:

①破损的部位、程度与原因;

②已经采取的应急措施;

③机舱水位与排水情况。

(2)轮机长将抢修、抢救情况报告船长。报告内容:

①人员安排情况;

②堵漏措施及堵漏效果;

③机舱进、排水量;

④所需要的支援与要求。

(3)船长向海事局和公司报告的内容:

①机舱进水的时间、船位与海况;

②破损的部位、程度与原因;

③应急排水和堵漏效果;

④所需要的支援与要求。

(4)事故过后应向海事局和公司提交报告。报告内容:

①进水的原因与性质；

②采取的应急措施及效果；

③进水对船舶营运的影响、损失估计。

5. 弃船

(1)若机舱进水抢救无效，船舶陷入极端危险境地必须弃船时，听候船长命令实施弃船。

(2)发出弃船命令后，轮机长按应急部署组织机舱人员，关停锅炉和机电设备，封闭油舱柜等，最后离开机舱，并携带轮机日志、车钟记录和重要文件等到指定地点集合待命。

四、任务实施

1. 操作流程

(1)值班人员发现机舱进水，应立即报告驾驶台，并报告轮机长及机舱相关人员。

(2)轮机长及相关人员立即进入机舱。

(3)轮机长根据团队的情境意识及进水情况，按照优先顺序进行合理的人员分工及任务分派。

(4)轮机长向船长报告进水情况，团队成员按照分工进行应急处理操作并及时相互沟通。

(5)轮机长组织、协调机舱的应急处理工作并在机舱指导和监督团队成员的操作。

(6)轮机长将抢修、抢救情况报告船长。

(7)事故过后，把情况记入轮机日志并进行总结。

(8)对任务的完成情况进行自评。

2. 实施标准

(1)团队领导能按正确的优先顺序分配任务，沟通能力强，具有良好的决断力和领导力，具有良好的情境意识，充分考虑团队经验。

(2)团队领导能按正确的优先顺序分配任务，沟通能力强，具有良好的决断力和领导力，情境意识一般，团队经验一般。

(3)团队领导能按较正确的优先顺序分配任务，沟通能力较好，决断力和领导力一般，情境意识一般，团队经验一般。

(4)团队领导分配任务一般，沟通能力较差，决断力和领导力一般，情境意识一般，团队经验一般。

(5)团队领导不能按正确的优先顺序分配任务，沟通能力差，没有决断力和领导力，情境意识差，配合差。

五、评价

1. 资源的分配、分派和优先排序

团队领导能按照合理的优先顺序进行资源分配、人员指派，能对任务安排做简要说明并获得团队成员的承诺。

2. 情境意识

对于所做的工作，要有感知、认知、全面了解以及预测等方面的团队情境意识。

3. 沟通能力

团队要做好上行沟通、下行沟通和平行沟通。

4. 决断力和领导力

能体现出科学决策能力、组织协调能力、控制力。

5. 团队精神

能体现出团队的凝聚力、协作意识和高昂的士气。

6. 团队经验

集体讨论,吸收团队经验,做出决断。

7. 团队自评

针对完成的工作,团队能从资源的分配、分派和优先排序,情境意识,沟通能力,决断力和领导力,团队精神等方面进行自评。

子任务 6　恶劣海况下,轮机长、轮机员之间的协调与配合

一、任务介绍

船舶正常航行,驾驶台遥控主机。接驾驶台通知,船舶遇到恶劣海况,轮机部人员根据船舶实际情况进行应急处理,保证船舶、主机和人身的安全。

二、任务分析

恶劣海况下,轮机部团队应急处理时,重点在于轮机长、轮机员之间的协调与配合,主要技能点和知识点包括资源的分配、分派和优先排序,沟通能力,决断力和领导力,情境意识,团队精神,团队经验以及自评等。

三、相关知识

1. 防台安全措施

(1)在台风发生区域和盛行季节,港口停泊的船舶应保持 2/3 船员留船。

(2)会同甲板部,尽早对防台设备和器材进行一次全面的检查,确保锚机、绞缆机、主机、发电机、锅炉、舵机等处于良好的技术状态。

(3)出航前,按航区情况备足粮食、淡水、燃润物料及医药用品等;在台风季节航行时,船上应备有比正常航行多 5 天的备用燃油。

(4)停泊或航修的船舶,应服从当地主管机关指挥,自行做好防台工作;厂修船舶应厂船结合、以厂为主,搞好防台工作。

2. 抗台应急措施

(1)船舶在未来 48 h 内将遭受台风袭击,风力达六级并继续增强,被认为处于“台风威胁中”,此时应:

①当港内悬挂一号风球时,登岸人员应立即回船进行抗台准备;

②船舶如需拆检主机、舵机、锚机和清洗锅炉等,必须经过当地海事部门批准,进行中如有

大风或台风警报时,应尽快装复并采取相应的安全措施;

③港内避风船舶应服从当地海事部门的统一安排、调遣。

(2)船舶在未来 24 h 内将遭受台风袭击,风力达六级以上并继续增强,被认为处于“台风威胁中”,此时应:

①拔下甲板上的机舱通风筒,盖上木盖,套上帆布罩;机炉舱、厨房等处的高大风斗应增加临时支索等;

②甲板上的出入口、通道口、水密门除急用者外,应一律关闭;关闭舷窗及铁盖;旋紧油、水舱及污水沟的测量盖;

③各舱柜中的燃油、淡水应尽量合并以减少自由液面;

④检查驾驶台与船首尾、机舱的通信设备(包括联系灯、电话、话筒、对讲机、车钟等),保证联系畅通。

(3)台风中心接近,风力达八级以上时,被认为处于“台风袭击中”,此时应:

①航行中遇台风时,值班轮机员应在控制室里操纵主机,并督促值班机工加强巡回检查;

②轮机长应在机舱亲自指挥,保持主机、副机及锅炉、舵机等机电设备正常运转;在安全范围内尽一切可能配合驾驶台的操作需要;

③如在锚泊时遇台风,应备妥主机,以便运用车、舵减轻锚链受力,缓和船身偏荡。

(4)台风过后,应检查损失情况,特别要查验锚机、舵机、螺旋桨有无潜在损伤。

3. 大风浪中航行时轮机部安全管理事项

(1)轮机长要督促轮机部全体人员集中精力加强检查,防止主、副机和舵机发生故障。

(2)值班轮机员不得远离操纵室,注意主机转速变化,防止主机飞车和增压器喘振,认真执行船长和轮机长的命令。

(3)根据海上风浪、船体摇摆情况以及主机飞车和负荷变化情况,轮机长应适当降低主机负荷,并调整好主机限速装置。

(4)安排船员将机舱管辖范围的门窗和通风道的百叶窗关好。

(5)将机舱的行车、工具、备件和可移动的物料油桶等绑扎好。

(6)尽量将分散在各燃油舱柜里的燃油驳到几个或少数燃油舱柜中,以减少自由液面,并保持左、右舷存油平均,防止驳油时造成船体倾斜。

(7)日用油柜和沉淀油柜要及时放残水,并保持较高的油位和适当的油温。

(8)注意主、副机燃油系统的压力,酌情缩短清洗燃油滤器的时间,以免燃油滤器被堵而影响供油。

(9)主机滑油循环油柜的油量应保持正常,不可过少。

(10)密切注意辅助锅炉和废气锅炉的工况,特别是辅助锅炉的水位,防止出现假水位。

(11)换用低位海底门,勤查勤洗滤器,保证冷却水的供应。

(12)机舱舱底水要及时处理。

(13)必要时增开一台发电机。

(14)根据实际工作需要,无人值班机舱可临时改为有人值班,及时处理各种报警并排除故障,确保航行安全。

4. 大风浪中锚泊时轮机部安全管理事项

(1)按航行状况保持有效的轮机值班。

(2)影响航行和备车的各项维修检查工作必须立即完成,保持良好的工作状态。

(3)仔细检查所有运转和备用的机器。

(4)按驾驶台命令使主、副机保持备用状态。

(5)采取措施,防止本船污染周围环境并遵守各项防污规则。

(6)所有应急设备、安全设备和消防系统均处于备用状态。

(7)注意做好大风浪中航行的各项准备,经常在机炉舱及舵机间巡回检查,及时处理可能发生的故障。

5. 冰区航行应急安全措施

除做好必要的防冻工作外,还要做到:

(1)轮机值班人员加强监视主、辅机等机电设备的工况;

(2)指定专人照顾主、副海水泵的工作,及时换用低位海底阀,防止被冰块卡住或堵塞,以致海水系统因缺水而无法正常工作;

(3)特别注意舵机的运转情况;

(4)注意船体与舷外冰块的摩擦声响、船体的动态及推进器搅动冰块的声响。空载、轻载船舶应增加尾部吃水,使推进器全部浸入水中;

(5)发现异常动态,要做好记录并及时通知轮机长和船长。

四、任务实施

1. 操作流程

(1)驾驶台通知机舱,船舶遇到恶劣海况。

(2)值班人员通知轮机长及其他相关人员,并记录相关事项。

(3)轮机长根据团队的情境意识,按照优先顺序进行合理的人员分工及任务分派。

(4)团队成员按照分工进行应急操作、检查并及时相互沟通。

(5)轮机长组织、协调恶劣海况下的应急处理工作并在机舱指导和监督团队成员的操作。

(6)主机安全运行后通知驾驶台并做记录。

(7)对任务的完成情况进行自评。

2. 实施标准

(1)团队领导能按正确的优先顺序分配任务,沟通能力强,具有良好的决断力和领导力,具有良好的情境意识,充分考虑团队经验。

(2)团队领导能按正确的优先顺序分配任务,沟通能力强,具有良好的决断力和领导力,情境意识一般,团队经验一般。

(3)团队领导能按较正确的优先顺序分配任务,沟通能力较好,决断力和领导力一般,情境意识一般,团队经验一般。

(4)团队领导分配任务一般,沟通能力较差,决断力和领导力一般,情境意识一般,团队经验一般。

(5)团队领导不能按正确的优先顺序分配任务,沟通能力差,没有决断力和领导力,情境意识差,配合差。

五、评价

1. 资源的分配、分派和优先排序

团队领导能按照合理的优先顺序进行资源分配、人员指派,能对任务安排做简要说明并获得团队成员的承诺。

2. 情境意识

对于所做的工作,要有感知、认知、全面了解以及预测等方面的团队情境意识。

3. 沟通能力

团队要做好上行沟通、下行沟通和平行沟通。

4. 决断力和领导力

能体现出科学决策能力、组织协调能力、控制力。

5. 团队精神

能体现出团队的凝聚力、协作意识和高昂的士气。

6. 团队经验

集体讨论,吸收团队经验,做出决断。

7. 团队自评

针对完成的工作,团队能从资源的分配、分派和优先排序,情境意识,沟通能力,决断力和领导力,团队精神等方面进行自评。

子任务7　船舶搁浅时,轮机长、轮机员之间的协调与配合

一、任务介绍

船舶航行于浅水区域,接驾驶台通知,船舶搁浅,轮机部人员根据船舶实际情况进行应急处理,保证船舶、主机和人身的安全。

二、任务分析

船舶搁浅后,轮机部团队应急处理时,重点在于轮机长、轮机员之间的协调与配合,主要技能点和知识点包括资源的分配、分派和优先排序,沟通能力,决断力和领导力,情境意识,团队精神,团队经验以及自评等。

三、相关知识

1. 应急处理

船舶发生搁浅、擦底时,机舱应紧急采取下列措施:

(1)轮机长迅速进入机舱,动力装置进入备车航行状态。

(2)主机降速运行。船舶进入浅水区,因为船舶阻力增加,主机转速下降,或者在全制式调速器作用下自动增加油门使柴油机超负荷运行,所以当值班轮机员发现主机转速和功率变化异常时,应考虑到搁浅的可能,主动向驾驶台联系询问情况,并采取降速措施。

(3)使用机动操纵转速。搁浅后,无论驾驶台采取冲滩或退滩措施,机舱所给车速都应使用机动操纵转速或系泊试验转速,防止主机超负荷运行。

(4)换用高位海底门。搁浅时值班轮机员应立即将低位海底门换为高位海底门,防止海水管吸入泥沙,低位海底门被泥沙堵塞。

(5)清洗海水滤器。换用高位海底门后,如果发现海水压力仍然较低,可清洗机舱海水总管上的海水滤器和海水泵前的滤器,清除积存的泥沙。如不及时清洗,可能发生海水低压报警,冷却系统无法工作,使主机不能正常运行,甚至发电机因高温不能工作。

2. 轴系检查

搁浅可能引起船体变形,造成柴油机轴系中心线的弯曲,影响柴油机运转,所以船舶搁浅后必须检查轴系的情况。判断轴系状态可用下列方法:

(1)盘车检查。停车后为判断轴系是否正常,船尾部搁浅时可用盘车机盘车检查,检查轴系运转是否受阻,查看盘车机电流的变化情况是否正常。

(2)柴油机运转时的检查:

①检查中间轴承和艉轴的温度;

②检查中间轴和艉轴是否跳动;

③检查中间轴承地脚螺栓情况;

④检查曲轴箱的温度;

⑤检查齿轮箱的声音是否正常。

(3)柴油机曲轴臂距差的测量。搁浅后应及早创造条件测量曲轴臂距差,通过曲轴臂距差来判断曲轴中心线的变化和船体的变形。如臂距差值超过允许范围,继续航行将是十分危险的。

3. 双层底舱柜的检查

搁浅时双层底舱柜可能变形破裂,要注意检查和测量各舱柜的液位变化,注意海面有无油花漂浮等,并做好机舱排水准备工作。主要检查的是:

(1)连续检查主机滑油循环柜的液位;

(2)测量干隔舱、油水舱等双层底舱柜,如有漏水可将测量管口和透气管口封死;

(3)检查舵机间有无进水,判断舵柱密封装置的密封状态,必要时上紧舵柱密封装置的紧固螺栓;

(4)连续检查机舱、轴隧舱底水位变化情况。

4. 舵系的检查

搁浅时舵系有可能被擦伤和碰坏,因此搁浅后必须对舵系进行检查,即:

(1)进行操舵试验,检查转舵是否受阻;

(2)检查舵机负荷是否增加,电机电流和舵机油压是否正常;

(3)检查转舵时间(从任一舷的35°至另一舷的30°)是否符合正常要求(不超过28 s);

(4)检查舵柱有无移动,转舵时是否振动。

5. 记录事故经过与情况

事故记录将为海事处理提供正确和必要的法律依据:

(1)搁浅发生的时间和脱浅的时间;

(2)所采取的各项应急措施;

(3)所造成的直接损失和间接损失等。

四、任务实施

1. 操作流程

(1)驾驶台通知机舱,船舶搁浅。

(2)值班人员通知轮机长及其他相关人员,并记录相关事项。

(3)轮机长根据团队的情境意识,按照优先顺序进行合理的人员分工及任务分派。

(4)团队成员按照分工进行应急操作、检查并及时相互沟通。

(5)轮机长组织、协调船舶搁浅的应急处理工作并在机舱指导和监督团队成员的操作。

(6)主机安全运行后,向驾驶台汇报机舱设备的有关情况并做记录。

(7)对任务的完成情况进行自评。

2. 实施标准

(1)团队领导能按正确的优先顺序分配任务,沟通能力强,具有良好的决断力和领导力,具有良好的情境意识,充分考虑团队经验。

(2)团队领导能按正确的优先顺序分配任务,沟通能力强,具有良好的决断力和领导力,情境意识一般,团队经验一般。

(3)团队领导能按较正确的优先顺序分配任务,沟通能力较好,决断力和领导力一般,情境意识一般,团队经验一般。

(4)团队领导分配任务一般,沟通能力较差,决断力和领导力一般,情境意识一般,团队经验一般。

(5)团队领导不能按正确的优先顺序分配任务,沟通能力差,没有决断力和领导力,情境意识差,配合差。

五、评价

1. 资源的分配、分派和优先排序

团队领导能按照合理的优先顺序进行资源分配、人员指派,能对任务安排做简要说明并获得团队成员的承诺。

2. 情境意识

对于所做的工作,要有感知、认知、全面了解以及预测等方面的团队情境意识。

3. 沟通能力

团队要做好上行沟通、下行沟通和平行沟通。

4. 决断力和领导力

能体现出科学决策能力、组织协调能力、控制力。

5. 团队精神

能体现出团队的凝聚力、协作意识和高昂的士气。

6. 团队经验

集体讨论,吸收团队经验,做出决断。

7. 团队自评

针对完成的工作,团队能从资源的分配、分派和优先排序,情境意识,沟通能力,决断力和领导力,团队精神等方面进行自评。

子任务8　船舶碰撞时,轮机长、轮机员之间的协调与配合

一、任务介绍

船舶在航行中与其他船舶发生碰撞,碰撞部位在机舱(没有进水),轮机部人员根据船舶实际情况进行应急处理,保证船舶、主机和人身的安全。

二、任务分析

船舶碰撞后,轮机部团队应急处理时,重点在于轮机长、轮机员之间的协调与配合,主要技能点和知识点包括资源的分配、分派和优先排序,沟通能力,决断力和领导力,情境意识,团队精神,团队经验以及自评等。

三、相关知识

由于某种原因,船舶发生碰撞、触礁事故,使船体破损而进水,引起船身倾斜,甚至沉船,必须全力抢救,进行堵漏和排水。

1. 发生碰撞后,轮机长应立即进入机舱,使主机处于随时可操纵状态(航行中),按照船长命令操纵主机,或停止甲板作业(装卸货中),或加开一部发电机(锚泊中)。做好轮机日志、车钟记录簿的记录。
2. 要对轮机部所辖范围做检查,将损坏部位和损坏情况记入轮机日志。
3. 视情切断碰撞部位的油、水、电、气、汽源,关闭相关油柜的进出口阀。
4. 反复测量受损部位及其附近油水舱柜的液位,看是否有漏泄。
5. 如有火情、进水伴随发生,应按应急部署表的规定,各职责人员迅速进入指定的岗位。
6. 在统一的指挥下,根据船体破损、进水情况,采取相应的堵漏、排水措施。
7. 详细记录机电设备的损失或损失的估计、发生的时间和抢救措施,为海事处理提供确凿的法律依据。
8. 万一自救失败,必须弃船时,轮机长应带走轮机日志和其他重要文件最后离开机舱。

四、任务实施

1. 操作流程

(1)值班驾驶员通知机舱值班人员船舶发生碰撞。

(2)值班人员通知轮机长及其他相关人员,并记录相关事项。

(3)轮机长与驾驶台沟通后,根据团队的情境意识,按照优先顺序进行人员分工及任务分派。

(4)团队成员按照分工进行应急操作、检查并及时相互沟通。

(5)轮机长组织、协调船舶碰撞后的应急处理工作并在机舱指导和监督团队成员的操作。

(6)船舶安全后,向驾驶台汇报机舱设备的有关情况并做记录。

(7)对任务的完成情况进行自评。

2. 实施标准

(1)团队领导能按正确的优先顺序分配任务，沟通能力强，具有良好的决断力和领导力，具有良好的情境意识，充分考虑团队经验。

(2)团队领导能按正确的优先顺序分配任务，沟通能力强，具有良好的决断力和领导力，情境意识一般，团队经验一般。

(3)团队领导能按较正确的优先顺序分配任务，沟通能力较好，决断力和领导力一般，情境意识一般，团队经验一般。

(4)团队领导分配任务一般，沟通能力较差，决断力和领导力一般，情境意识一般，团队经验一般。

(5)团队领导不能按正确的优先顺序分配任务，沟通能力差，没有决断力和领导力，情境意识差，配合差。

五、评价

1. 资源的分配、分派和优先排序

团队领导能按照合理的优先顺序进行资源分配、人员指派，能对任务安排做简要说明并获得团队成员的承诺。

2. 情境意识

对于所做的工作，要有感知、认知、全面了解以及预测等方面的团队情境意识。

3. 沟通能力

团队要做好上行沟通、下行沟通和平行沟通。

4. 决断力和领导力

能体现出科学决策能力、组织协调能力、控制力。

5. 团队精神

能体现出团队的凝聚力、协作意识和高昂的士气。

6. 团队经验

集体讨论，吸收团队经验，做出决断。

7. 团队自评

针对完成的工作，团队能从资源的分配、分派和优先排序，情境意识，沟通能力，决断力和领导力，团队精神等方面进行自评。

子任务9　海盗袭击时，轮机长、轮机员之间的协调与配合

一、任务介绍

船舶航行在海盗多发海区，航行中遇到海盗袭击，轮机部人员根据船舶实际情况进行应急处理，保证船舶、主机和人身的安全。

二、任务分析

船舶遇到海盗袭击，轮机部团队应急处理时，重点在于轮机长、轮机员之间的协调与配合，

主要技能点和知识点包括资源的分配、分派和优先排序,沟通能力,决断力和领导力,情境意识,团队精神,团队经验以及自评等。

三、相关知识

防海盗措施:

1. 全体船员处于紧急待命状态,防海盗加强班严格值守,驾驶台谨慎驾驶,密切关注海面小艇动向。

2. 发现险情,拉响警报,同时广播。听到警报和广播,全体船员按分组分工立即奔赴各自岗位,现场战斗组携带个人装备迅速在海盗来袭方向位置集结,按 1 组、2 组、3 组、4 组的顺序编队准备迎敌。

3. 海盗接近,离船较远时。调整消防皮龙位置,开足压力,对准小艇喷射。其他人员迅速调整反击器材,备好打击器材、亮出自卫器械,齐力驱赶海盗。

4. 海盗武力威胁,绕船侦察时。发射声光爆炸弹警告,找好隐蔽位置,与海盗小艇同步移动,判断海盗登船器械和攻击方式,一旦海盗分左右两舷攻击,立即按计划分组,分向迎敌,迅速将有效的反击器材置于手中全力驱赶海盗。

5. 海盗放枪扫射,试图攻船时。对准小艇发射声光爆炸弹,连续变换船舶位置,向海盗小艇投掷玻璃瓶、小型铁块、木块、石灰等,必要时,向其投掷重型铁块给以重击。

6. 海盗靠拢船舶,搭钩攀爬时。立即给高压电网送电,采取一切有效手段,坚决砍断、摘除其登船器具。要全力阻止海盗攀登,使用铁块、自制棍棒、石灰、啤酒瓶等各类可用器材,密集攻击登船海盗和海盗小艇,尽力阻止小艇靠近船舷及海盗攀爬上船。

7. 海盗登船并武装袭击时。一旦局面无法控制,按照 2、1 及 4、3 组的顺序从左右甲板通道门退守生活区,左舷组长大副最后撤离,并负责放下关好一、二层梯子闸门,木匠负责关一层水密门,右舷大管轮最后撤离,并负责放下关好一、二层梯子闸门,机工长负责关一层水密门(船头一、三组人员如来不及撤回生活区则撤进艏尖舱)。人员撤离到艇甲板通过投掷燃烧弹、倒机油等手段继续抗击海盗,阻止海盗进入生活区,争取救援时间。

8. 海盗即将攻入生活区,且已成无法阻止之势时(该状态由船长做出判断)。主机停车,并采取绝密措施使主机无法被启动,避免被海盗劫持船舶开往他处。所有船员从机舱应急通道退入最后一道防线(如舵机房),防止人员被劫持或受伤,关闭锁死舵机房通道门,等待救援。

9 医护应急。备足急救药品和器材,一旦有船员受伤,立即止血并迅速将其转移到安全地带,尽一切努力挽救伤员生命。

10. 其他要求与注意事项

(1)着装:进入防海盗区域,所有人员包括驾驶台、机舱值班人员都必须戴安全帽,着工作服,穿工作鞋,戴线手套。所有人员必须着工作服睡觉,不能关门,把安全帽、工作鞋、手套、应急工具置于随手可得的地方。除紧急情况外不能大声喧哗,保持公共场所安静。

(2)撤退信号:汽笛急促连按七声,三次。船尾从主甲板退至艇甲板继续抗击海盗,组长确认人员全部撤离后才能关门。船头人员如来不及往后撤则进入艏尖舱,从内关好水密门,打开锚链舱道门透气,等待救援。

(3)警报解除信号:以驾驶台对讲机通知为准。

(4)发射声光发射弹:驾驶台为二副,船头、艇甲板为各组组长。在接到驾驶台指令后才能发射,不能擅自发射。

(5)电网送电:在海盗船接近船舶,搭钩攀爬或海盗多点攻击不能控制局面的情况下,驾驶台发出送电指令后,各小组组长必须确认收到指令并通知到小组内所有人员,由现场总指挥指定人员送电并报告驾驶台。(建议电网共三组,分为左、右甲板组与生活区甲板组,现场人员都要知道控制开关位置与送电断电方法。)

(6)抗击海盗重点区域:海盗容易登船处为船舯,此区域为防范重点。

(7)武器管理:接收到解除紧急警报后个人把所携带自卫器械带回并妥善保管,撤退时尽可能把武器带回。

(8)纪律要求:听到应急信号后,所有人员必须立即奔赴岗位,行动中听从指挥、协调配合,在紧急警报没有解除之前任何人不能以任何理由擅离岗位,没有船长、船舶保安员命令任何人员不能脱离岗位退回生活区。所有人员既要思想重视,但也不要过分紧张,要相信全体船员的能力,保持旺盛的士气与斗志,既要注意自我保护,又要相互支援,海盗出现初期,在没有威胁到人身安全的情况下,人员要按本预案要求站位并做出反应,在气势上压倒海盗。

四、任务实施

1. 操作流程

(1)值班驾驶员拉响海盗袭击警报或广播通知。

(2)轮机长与船长沟通后,根据实际情况,按照优先顺序进行人员分工及任务分派。

(3)轮机部船员按分组分工立即奔赴各自岗位,现场战斗组在海盗来袭方向位置集结。

(4)团队成员保持与船长、驾驶台的及时沟通,按照命令操作机舱设施、设备。

(5)轮机长组织、协调机舱的各项工作并指导和监督团队成员的操作。

(6)船舶安全后,向驾驶台汇报机舱的有关情况并做记录。

(7)对任务的完成情况进行自评。

2. 实施标准

(1)团队领导能按正确的优先顺序分配任务,沟通能力强,具有良好的决断力和领导力,具有良好的情境意识,充分考虑团队经验。

(2)团队领导能按正确的优先顺序分配任务,沟通能力强,具有良好的决断力和领导力,情境意识一般,团队经验一般。

(3)团队领导能按较正确的优先顺序分配任务,沟通能力较好,决断力和领导力一般,情境意识一般,团队经验一般。

(4)团队领导分配任务一般,沟通能力较差,决断力和领导力一般,情境意识一般,团队经验一般。

(5)团队领导不能按正确的优先顺序分配任务,沟通能力差,没有决断力和领导力,情境意识差,配合差。

五、评价

1. 资源的分配、分派和优先排序

团队领导能按照合理的优先顺序进行资源分配、人员指派,能对任务安排做简要说明并获得团队成员的承诺。

2. 情境意识

对于所做的工作,要有感知、认知、全面了解以及预测等方面的团队情境意识。

3. 沟通能力

团队要做好上行沟通、下行沟通和平行沟通。

4. 决断力和领导力

能体现出科学决策能力、组织协调能力、控制力。

5. 团队精神

能体现出团队的凝聚力、协作意识和高昂的士气。

6. 团队经验

集体讨论,吸收团队经验,做出决断。

7. 团队自评

针对完成的工作,团队能从资源的分配、分派和优先排序,情境意识,沟通能力,决断力和领导力,团队精神等方面进行自评。

子任务 10　溢油时,轮机长、轮机员之间的协调与配合

一、任务介绍

船舶在锚地加油过程中发生溢油,轮机部人员根据船舶实际情况进行应急处理,防止溢油流入海中,污染海洋环境。

二、任务分析

发生溢油后,轮机部团队应急处理时,重点在于轮机长、轮机员之间的协调与配合,主要技能点和知识点包括资源的分配、分派和优先排序,沟通能力,决断力和领导力,情境意识,团队精神,团队经验以及自评等。

三、相关知识

1. 防止溢油扩散的方法

(1)用围油栏将溢油包围起来或引导到适宜场所,以便回收处理。在开阔水域、近岸水域或港口发生溢油时,及时布放围油栏,能够将扩散的溢油及时围控,并通过围油栏拖带或缩小围拢范围,可以将油膜集结到较小的范围内进行回收(如图 3-1 所示)。在溢油量大,风、流、浪的影响较大,在现场围控溢油不可能的时候,或者为了保护海岸或水产资源,可以利用围油栏将溢油引导到能够进行回收作业或污染影响较小的海面上,根据现场情况可设多道围油栏。

(2)用化学凝聚剂阻止扩散。化学凝聚剂又名凝油剂,是指加入溢油中可使溢油胶凝成黏稠的直至坚硬的油块,或者本身能高效地吸油,最后形成一种便于回收的凝结物的溢油化学处理剂。在油膜周围撒布化学凝聚剂,它在水面上扩散并压缩油膜,使油膜面积大大缩小,从而阻止溢油扩散。撒布化学凝聚剂的作用比铺设围油栏容易且迅速。撒布化学凝聚剂对防止

煤油、柴油等轻油和重油的扩散是行之有效的方法。

图 3-1　清除溢油

2. 溢漏应变部署表

溢漏报警信号：· — — ·　　　　集合地点：主甲板

职　务	姓　名	负责部位	职　　　责
船长		驾驶室/现场	总指挥，对外联系
大副		溢漏现场	协助轮机长做好溢漏现场指挥工作
二副		驾驶室/现场	驾驶室值班，采取应急措施，做好现场记录
三副		溢漏现场	提供并携带防污器材。艇长，指挥放艇，回收溢出物
水手长		溢漏现场	溢漏现场提供并携带防污器材，指挥放艇，回收清除溢出物
木匠		溢漏现场	检查甲板排水孔，关闭有关通道，回收溢出物
一水		溢漏现场	艇员，协助放艇，随艇下，回收溢出物
轮机长		溢漏现场	现场指挥，组织人员回收溢出物
大管轮		机舱/现场	管理机舱设备和电站，回收溢出物
二管轮		溢漏现场	控制有关阀门，防止溢出物扩散，做好现场记录
三管轮		溢漏现场	协助放艇，随艇下，操纵艇机，回收清除溢出物
电机员		机舱/现场	管理电站
机工长		溢漏现场	提供有关携带应急工具和防污器材，现场回收溢出物
机工		溢漏现场	艇员，协助放艇，随艇下，回收清除溢出物
大厨		厨房/现场	检查厨房火情，关闭有关通道，现场回收清除溢出物

四、任务实施

1. 操作流程

(1)加油中发现溢油,立即向加油船发出停止加油信号。

(2)发出溢油警报, 现场人员立即覆盖木屑。

(3)轮机长与驾驶台沟通后,根据溢油应变部署表,按照优先顺序进行人员分工及任务分派。

(4)团队成员按照分工进行应急处理并及时相互沟通。

(5)轮机长组织、协调溢油后的应急处理并在现场指导和监督团队成员的操作。

(6)清理完毕后,向船长汇报清除溢油的有关情况并做记录。

(7)对任务的完成情况进行自评。

2. 实施标准

(1)团队领导能按正确的优先顺序分配任务,沟通能力强,具有良好的决断力和领导力,具有良好的情境意识,充分考虑团队经验。

(2)团队领导能按正确的优先顺序分配任务,沟通能力强,具有良好的决断力和领导力,情境意识一般,团队经验一般。

(3)团队领导能按较正确的优先顺序分配任务,沟通能力较好,决断力和领导力一般,情境意识一般,团队经验一般。

(4)团队领导分配任务一般,沟通能力较差,决断力和领导力一般,情境意识一般,团队经验一般。

(5)团队领导不能按正确的优先顺序分配任务,沟通能力差,没有决断力和领导力,情境意识差,配合差。

五、评价

1. 资源的分配、分派和优先排序

团队领导能按照合理的优先顺序进行资源分配、人员指派,能对任务安排做简要说明并获得团队成员的承诺。

2. 情境意识

对于所做的工作,要有感知、认知、全面了解以及预测等方面的团队情境意识。

3. 沟通能力

团队要做好上行沟通、下行沟通和平行沟通。

4. 决断力和领导力

能体现出科学决策能力、组织协调能力、控制力。

5. 团队精神

能体现出团队的凝聚力、协作意识和高昂的士气。

6. 团队经验

集体讨论,吸收团队经验,做出决断。

7. 团队自评

针对完成的工作,团队能从资源的分配、分派和优先排序,情境意识,沟通能力,决断力和领导力,团队精神等方面进行自评。

参考文献

[1] 蒋德志,李品芳. 机舱资源管理. 大连:大连海事大学出版社,2011.
[2] 黄连忠. 机舱资源管理. 大连:大连海事大学出版社,2012.
[3] 曾向明,杨智远,詹玉龙. 机舱资源管理(ERM). 上海:上海浦江教育出版社,2012.
[4] 朱永强,倪科军. 机舱资源管理. 大连:大连海事大学出版社,2014.
[5] 张跃文,程东,孙明,郭军武. 船舶管理. 大连:大连海事大学出版社,2012.
[6] 陈传明,周小虎. 管理学. 北京:清华大学出版社,2003.
[7] 孙永正等. 管理学. 北京:清华大学出版社,2003.